Cristina De Stefano
Abenteuerliche Amerikanerinnen

Cristina De Stefano
Abenteuerliche Amerikanerinnen

Mit 20 Fotografien

Aus dem Italienischen von Annette Kopetzki

SchirmerGraf Verlag
München

Die Originalausgabe erschien 2007 unter dem Titel
Americane Avventurose bei Adelphi in Mailand.

ISBN 978-3-86555-060-6
© 2007 by Cristina De Stefano, published by arrangement
with Agenzia Letteraria Roberto Santachiara
© Adelphi Edizioni S.p.A., Mailand 2007
© der deutschsprachigen Ausgabe:
SchirmerGraf Verlag, München 2008
Umschlag unter Verwendung des Fotos *Lee Miller* (1929/30)
von Man Ray (© Man Ray Trust / VG Bild-Kunst)
Gesetzt aus der Berthold Caslon
Satz: Uwe Steffen, München
Druck und Bindung: CPI – Ebner & Spiegel, Ulm
Printed in Germany

www.schirmer-graf.de

Inhalt

Berenice Abbott (1898–1991)   7

Ruth Benedict (1887–1948)   19

Rachel Carson (1907–1964)   29

Caresse Crosby (1891–1970)   43

Dorothy Dandridge (1922–1965)   53

Hilda Doolittle (1886–1961)   67

Dorothy Draper (1889–1969)   75

Amelia Earhart (1897–1937)   83

Mary Frances Kennedy Fisher (1908–1992)   93

Slim Keith (1916–1990)   103

Dorothea Lange (1895–1965)   115

Lee Miller (1907–1977)   125

Josephine Nivison (1883–1968)   143

Sister Parish (1910–1994)   153

Dorothy Parker (1893–1967)   171

Margaret Sanger (1879–1966)   183

Anne Sexton (1928–1974)   199

Kay Swift (1897–1993)   211

Tasha Tudor (1915–2008)   221

Mae West (1893–1980)   233

Bibliografische Hinweise   249
Personenregister   251
Bildnachweis   256

Berenice Abbott

1898–1991

Wenn sie ein Tier gewesen wäre, hätte sie ein Eichhörnchen sein müssen. Sie war klein, flink und sehr scheu. Nie trug sie etwas anderes als Hosen, die waren praktischer, wenn sie auf Wolkenkratzer kletterte, dazu eine selbst entworfene Jacke mit unzähligen Taschen. Über sich selbst sprach sie ungern, vor allem nicht über ihre ersten, eher unglücklichen Lebensjahre: »Meine Kindheit ist das Letzte, worüber ich reden möchte«, beschied sie den Journalisten knapp.

Sie wurde 1898 in Springfield, Ohio, in eine zerrüttete Familie geboren und hatte ihr Elternhaus sehr jung verlassen. Von der Liebe hatte sie klare Vorstellungen: »Für eine Frau, die ihre Arbeit machen will, ist mit der Ehe alles aus. Die Ehe ist nur für Männer gut.«

Ein Pagenkopf zur Feier des Schulabschlusses (»Als meine Haare auf den Boden fielen, fühlte ich mich sofort leichter und freier«), ein Kurs in Journalismus an der Universität, den sie abbricht (»Der Krieg schaffte es, alles komplizierter zu machen«), und 1918 zieht sie nach New York, um, wie sie später sagen wird, ihre persönliche »Rebellion gegen den Mittleren Westen« fortzusetzen.

Greenwich Village, das Marcel Duchamp gerade zur unabhängigen Republik erklärt hat, ist der richtige Ort,

um den konservativen Werten des tiefsten Amerika den
Krieg zu erklären. Sie ist die Jüngste und Schüchternste,
für alle eine Art Maskottchen, das beschützt werden
muss. Hippolyte Havel, Anarchist aus Überzeugung,
Kellner aus Not und sehr viel älter als sie, erklärt sie
offiziell zu seiner Tochter. »Das war genau das, was ich
brauchte. Eine Art Refugium«, erinnert sie sich Jahre
später. Sie arbeitet in den unterschiedlichsten Jobs –
Sekretärin, Friseuse, Archivarin –, unterdessen schreibt
sie Gedichte, spielt Theater und studiert Bildhauerei.

1921 besteigt sie, wie immer ihrem Instinkt folgend,
ein Schiff nach Europa: »1918 bin ich nach New York
gegangen, weil das der Ort war, wo man in dem Moment sein musste. Und dann nach Paris, als Paris zu
dem Ort wurde, wo man sein musste.« Die französische
Hauptstadt wird ihre Universität: »Wir waren vollkommen frei [...] Wir lebten in der Illusion, immer so weitermachen und unsere Ziele verfolgen zu können, und wir
glaubten, dass nichts uns jemals aufhalten würde.« Natürlich hat sie nie einen Pfennig in der Tasche. Um zu
überleben, steht sie Modell. Manchmal kann sie eine
Skulptur verkaufen. Ihre Rettung ist Man Ray, der eine
Assistentin sucht. Sie fängt an, in der Dunkelkammer
seines Ateliers zu arbeiten, lernt alles über chemische
Entwicklerbäder, Abzüge und Druck. Erst nach dieser
Lehrzeit gestattet sie sich, einen eigenen Fotoapparat
zu kaufen und die ersten Bilder zu machen.

Sie beginnt mit Porträtaufnahmen, wie Man Ray, und
wird bald genauso berühmt wie er. Ihre Fotos schmü-

cken die Wände der amerikanischen Buchhandlung
von Sylvia Beach an der Rive Gauche. Alles, was Rang
und Namen hat – Coco Chanel, André Gide, Marie
Laurencin, Janet Flanner, James Joyce, Djuna Barnes
und Max Ernst – lässt sich von ihr fotografieren. Zwei
bestens situierte Freundinnen, die Amerikanerin Peggy
Guggenheim und die Engländerin Annie Winifred Ellerman, leihen ihr Geld, damit sie ein eigenes Atelier mieten und einrichten kann. Der Stil ihrer Fotos ist klar,
streng, fast nackt, ganz anders als der von Man Ray. Ihr
Urteil über den einstigen Lehrer steht inzwischen fest:
»Seine Männerporträts waren gut, aber Frauen ließ er
immer wie niedliche kleine Gegenstände erscheinen.«
Sie dagegen glaubt, dass sie als Fotografin ihre Subjek-
tivität ausblenden muss. Für jedes Porträt braucht sie
einen ganzen Tag, denn erst führt sie ein langes Gespräch beim Tee mit dem Menschen, den sie fotografieren soll. Oft macht sie Dutzende Fotos, ohne Film,
um ihrem Gegenüber die Befangenheit zu nehmen.
Erst dann fängt sie an zu arbeiten. »Wenn man einen
Menschen fotografieren will, muss es ein Miteinander,
eine Zusammenarbeit geben. Eine Porträtsitzung ist
eine Art Besuch, bei dem man sich angeregt unterhält«,
erklärt sie.

Ihre Porträts sind sehr erfolgreich. Pariser Galerien
widmen ihr Einzelausstellungen. Sie könnte für immer
so weitermachen und reich werden. Doch die Begegnung mit einem alten französischen Fotografen verändert ihr Leben. Er heißt Eugène Atget, ist bettelarm

und schlägt sich mühsam durch, indem er den Straßen-
malern Ansichtskarten verkauft. Vierzig Jahre lang hat
er jeden Winkel von Paris fotografiert und ein bedeu-
tendes historisches Dokument geschaffen. Jetzt liegen diese Bilder verstreut in seiner ungeheizten Wohnung herum. Berenice Abbott ist tief beeindruckt vom
schmucklosen Realismus seiner Fotos und ergriffene
Zeugin einer Leidenschaft, die ein ganzes Leben be-
herrscht hat. Sie rafft ein wenig Geld zusammen und
kauft ihm Fotos ab. Sie überredet ihn, sich in ihrem Atelier fotografieren zu lassen, und macht dort einige der
wenigen erhaltenen Porträtfotos von Atget. Ein paar
Tage später geht sie wieder in seine Wohnung, um ihm
die Bilder zu zeigen, aber da ist der alte Künstler bereits
tot.

Sofort ist ihr klar, dass Atgets Archiv verloren ist,
wenn sich niemand darum kümmert. Sie beschließt,
es zu kaufen, wofür sie Schulden bei ihren Freunden
machen muss. Wochenlang sammelt sie die Aufnahmen
zusammen, sortiert und katalogisiert sie. Dann packt sie
alles in Dutzende Kisten und kehrt in die Staaten zurück. Es ist das Jahr 1929. Sie will, dass Amerika Atget
entdeckt, zeigt Kollegen seine Fotos, bietet sie Museen
an, veröffentlicht seine Arbeiten in Büchern. Heute gilt
Atget als einer der größten Pioniere der Fotografie des
frühen 20. Jahrhunderts, aber dafür waren, so Berenice
Abbott, zwei Leben nötig, »seines und meins«.

Die Begegnung mit dem alten französischen Fotografen hat ihr gezeigt, was Leidenschaft ist – das Ge-

heimnis jedes wahren Künstlers: »Du musst etwas wirklich wollen, und dann musst du es umsetzen.« Sie beschließt, seinem Vorbild zu folgen und New York zu fotografieren. Zehn Jahre wird sie für dieses gewaltige Unternehmen brauchen, das bis heute eines der wertvollsten Dokumente der Geschichte der amerikanischen Fotografie darstellt.

Die Stadt hat sie vom ersten Moment an fasziniert. Seit ihrem Weggang nach Paris hatte sich alles sehr verändert. »Die Farben waren so unglaublich lebendig, und überall schossen Wolkenkratzer aus dem Boden. Die Luft war voller Energie«, erinnert sie sich Jahre später. Und weiter: »Ich war wie eine Fremde. Ich hätte ebenso gut vom Mars kommen können. Wenn man jung ist, leicht zu beeindrucken und empfindsam, und dazu noch jahrelang weit weg gewesen, dann ist man schon, na ja, überwältigt, in dieses seltsame Land zurückzukehren.«

Von 1929 bis 1939 fotografiert sie jeden Winkel von New York: Straßen, Geschäfte, Häuser, Plätze, die U-Bahn, Züge, Bahnhöfe und Bürogebäude. Menschen sind auf ihren Bildern selten zu sehen. Sie interessiert sich für die Struktur dieser Stadt, die nach allen Seiten wächst wie ein großer Wald. Und für ihren besonderen Rhythmus. »Es ist nicht der Rhythmus der Ewigkeit«, sagt sie, »und auch nicht der unserer gewöhnlichen Zeit, es ist der Rhythmus des Augenblicks.« Für ihren Lebensunterhalt nimmt sie alle Arten von Fotoarbeiten an – Werbung, Pressefotos, Porträtaufnahmen –, aber einen Tag in der Woche widmet sie ihrem Projekt. An

diesem Tag streift sie vom Morgengrauen bis zum Sonnenuntergang auf der Jagd nach Bildern durch die Stadt.
Sie muss ihre ganze Hingabe aufbringen, um sich nicht
entmutigen zu lassen. Die Fotoausrüstung ist sperrig, die
Menschen nicht besonders hilfsbereit. Oft wird sie von
Polizisten vertrieben, weil sie den Verkehr behindert.
Die Portiers der Wolkenkratzer werden misstrauisch,
wenn sie darum bittet, aufs Dach steigen zu dürfen, weil
sie befürchten, dass sie sich umbringen will.

Einige ihrer Fotos sind regelrechte Ikonen geworden, zum Beispiel der »Canyon«, den der schmale Ex-
change Place bildet, die herrliche Silhouette des Flatiron
Building oder die Vorderseite des Blossom Restaurant,
aus dem ein mürrischer Kellner herauskommt. Den Bau
des Rockefeller Center fotografiert sie in allen Phasen,
von der Grundsteinlegung an. Sie hat es eilig, das Bild
einer Stadt festzuhalten, die sich rasend schnell wandelt,
aber oft können ihre schweren Fotoapparate mit diesem frenetischen Rhythmus nicht mithalten. »Hätte ich
doch nur bessere Kameras gehabt ...«, seufzt sie noch
Jahre später. 1939 kommt ihr Buch *Changing New York*
heraus, und die Kritiker bezeichnen es als das Beste, was
die Dokumentarfotografie bislang hervorgebracht hat.

Eine Besprechung insbesondere, veröffentlicht in
einer Zeitung aus Springfield, ihrem Geburtsort, zieht
ihre Aufmerksamkeit auf sich: »Der erste intelligente
Artikel über meine Arbeit, der in diesem Land erscheint«, schreibt sie in einem Brief an seine Verfasserin,
die Journalistin Elizabeth McCausland. Es ist der Be-

ginn einer langen Liebesbeziehung. Elizabeth McCausland – Butchy, wie Berenice sie immer nennen wird – ist nicht schön, aber »ein sehr kluger Kopf«. Elizabeth zieht nach New York und lebt fortan neben Berenice in einer identischen Wohnung auf derselben Etage des Hauses in der Commerce Street. Beide widmen sich ihren Lieblingsbeschäftigungen, Berenice dem Fotografieren, Elizabeth dem Schreiben. Manchmal gelingt ihnen eine Zusammenarbeit an einem Buch mit Texten und Fotos, aber beide sind sehr auf ihre Unabhängigkeit bedacht.

Nun, da das langjährige New-York-Projekt beendet ist, sucht Berenice neue Abenteuer. Sie unterrichtet Fotografie an einer Schule. Sie erfindet technische Neuerungen und verkauft sie über eine Gesellschaft, die sie gegründet hat und alleine managt: das House of Photography. Ihre Erfindungen reichen vom beidseitigen Klebeband, mit dem sich Fotos anheften lassen, über die berühmte Jacke mit vielen Taschen, bis zum Abbott Distorter, der die Bilder während des Druckvorgangs nach Belieben deformiert. Sie wird nicht reich mit ihrer Gesellschaft, fürs Geschäftemachen hat sie kein Talent. Was sie interessiert, ist die technische Seite der Arbeit. Sie macht Kurse in Chemie und Physik und beschließt, sich mit der Wissenschaftsfotografie zu beschäftigen – »wie ein Floh, der auf einen Riesen losgeht«. Zwanzig Jahre lang wird sie außergewöhnliche, hochkomplizierte Aufnahmen machen. Sie fotografiert Magnetfelder, Körper in Bewegung, Seifenblasen, Luftströmungen. Dafür erfindet sie spezielle Maschinen, wie die Supersight-Kamera, einen riesigen Fotoapparat, mit dem sich extrem scharfe Bilder herstellen lassen. Sie arbeitet für viele wissenschaftliche Zeitschriften und für die Universität von Cambridge.

In den Sechzigerjahren zieht sie sich zurück in den Bundesstaat Maine, in dessen Landschaft sie sich während einer Fotoreportage verliebt hat. Sie kauft ein von einem Wald umgebenes großes Holzhaus. Anfangs ist es nur ein Sommerhaus, denn Elizabeth lebt lieber in der Stadt, doch nach dem Tod der Freundin im Jahr 1965 wird es zu Berenices Hauptwohnsitz. Ihr einziger Gefährte ist eine Katze. Freunde, wie der Galerist Harry Lunn, ein ehemaliger CIA-Agent, inzwischen zum Kunstsammler bekehrt, sind jedoch immer willkommen. Aber gerade jetzt, wo sie sich zurückziehen will, erlebt sie, wie ihr Ruhm unaufhaltsam wächst – vor allem wegen ihrer New-York-Dokumentation. Sie muss einen Assistenten einstellen, um die Nachfrage nach Abzügen ihrer Arbeiten aus den Dreißigerjahren befriedigen zu können. Schließlich überlässt sie das ganze Archiv einem Sammler, der es später an die großen amerikanischen Museen verkaufen wird. Gelegentlich macht sie noch ein paar Aufnahmen – »Ich versuche, die Jahreszeiten zu fotografieren. Der Herbst ist wunderbar hier in Maine« –, aber im Grunde betrachtet sie sich als pensioniert. »Ich arbeite nicht mehr«, erklärt sie einer Journalistin, die gekommen ist, um sie zu interviewen. »Die letzten Sachen, die ich gemacht habe, gefallen mir nicht. Man sollte wissen, wann man aufhören muss. Ich bin jetzt bloß noch eine Eremitin im Ruhestand.« Sie stirbt 1991 mit dreiundneunzig Jahren.

Ruth Benedict

1887–1948

Ebenso wie ihre Schülerin, Geliebte und Freundin Margaret Mead war sie eine der großen amerikanischen Anthropologinnen. Doch während Margaret Mead über die Fachkreise hinaus zu einer Berühmtheit wurde, hat sie für sich einen Platz im Schatten vorgezogen. Sie war eine zurückhaltende Person, sprach wenig, und auch das nur, wenn sie gefragt wurde. Ihre Kleidung war stets schwarz und schlicht, als wollte sie auf keinen Fall die ungewöhnliche Schönheit ihres Gesichts hervorheben. Die Haare, die es umrahmten, wurden früh weiß. Ihren Gesprächspartnern hörte sie mit angespannter Aufmerksamkeit zu und studierte jeden Zug im Gesicht ihres Gegenübers, weil sie seit ihrer Kindheit halbseitig taub war. Sie war ein melancholischer Mensch und litt unter Depressionen. Sie war eine große Denkerin, aber sprach wenig. Die Anthropologie verdankt ihr den wegweisenden Begriff des »pattern« und ein kleines Buchjuwel mit dem Titel *Chrysantheme und Schwert*, ein noch immer aktueller Klassiker über die japanische Kultur.

1887 als Ruth Fulton geboren, verliert sie mit zwei Jahren den Vater. Ein Ereignis, das ihr ganzes Leben prägt. Die Mutter ist außer sich vor Schmerz und kann die Tochter nicht vor ihrer Verzweiflung bewahren. Ruths erste Erinnerung geht auf diese traumatische Situation zurück: Das kleine Mädchen wird zu dem toten Vater gebracht, der wie friedlich schlafend daliegt, während neben ihr die Mutter schreit und weint. »Schon in meiner frühsten Kindheit habe ich zwei Welten kennengelernt [...] die Welt meines Vaters, das war die Welt des Todes, und sie war wunderschön, und die Welt der Verwirrung und der Hysterie, die ich ablehnte«, schreibt sie in ihr Tagebuch. Sie ist ein einsames, wortkarges Kind, das viel schreibt. Jenes Tagebuch zum Beispiel, das sie ihr ganzes Leben lang führen wird, aber auch Erzählungen, Romane und Gedichte.

Nach der Schulzeit studiert sie am Vassar College und lässt sich als Sozialarbeiterin und Lehrerin anstellen, doch sie weiß noch nicht genau, welchen Weg sie einschlagen soll. Ein Teil von ihr möchte Erfüllung in der Rolle der Ehefrau und Mutter finden. Darum heiratet sie 1914 den Bruder einer Freundin, Stanley Benedict, einen Medizinstudenten. Sie träumt von der großen Liebe und vielen Kindern, aber so wird es nicht kommen. »Drei Dinge habe ich im Leben gewollt: Stanley, doch es ist mir nie gelungen, eine wirkliche Beziehung zu ihm aufzubauen; Kinder, aber mir war nicht einmal die Illusion einer Schwangerschaft vergönnt; und die Dichtung«, schreibt sie viele Jahre später in ihr Tagebuch.

Die Ehe erweist sich schon bald als ein Fehlschlag, doch Ruth hält noch lange durch, bevor sie sich von ihrem Mann trennt. Als Freundin und in gegenseitigem Respekt lebt sie weiterhin mit Stanley zusammen. Aber von nun an steckt sie all ihre Energien in andere Pläne. Die Schriftstellerei bleibt ihr wichtig, sie schreibt vor allem Gedichte, die sie unter dem Pseudonym Anne Singleton veröffentlicht. Entscheidend wird das Studium. 1919, sie ist zweiunddreißig, lässt sie sich an der New School for Social Research immatrikulieren und entdeckt die Anthropologie. Für ihre akademische Spezialisierung stellt sie sich Franz Boas vor, der gerade an der Fakultät für Anthropologie der Columbia University seine eigene Schule aufbaut. »Papa Boas«, wie sie ihn von nun an nennen wird, ist der Vaterersatz, den sie gesucht hat: ein alter deutscher Jude und Sozialist, der seine Vorlesungen in einer unverständlichen Mischung aus Englisch, Deutsch und Latein hält und die Studentinnen mit der langen Narbe erschreckt, die ihm quer über das Gesicht läuft – die Erinnerung an ein Duell in seiner Jugend.

Die Anthropologie wird fortan zur alles beherrschenden Leidenschaft in ihrem Leben. Sie liest sämtliche Grundlagentexte und macht sich Notizen auf jedem freien Fleck Papier, den sie findet, auf Einkaufszetteln, am Rand der Seiten in Kochbüchern, auf Briefumschlägen. Bis zum späten Abend sitzt sie in der Bibliothek, dann läuft sie schnell nach Hause, um ihrem Mann das Abendessen zuzubereiten. Im Tagebuch schreibt sie: »Eines Tages werde ich mich daran erinnern müssen, wie einfach es ist, glücklich zu sein.«

Für die Feldforschung, die jeder angehende Anthropologe zum Abschluss seiner akademischen Ausbildung machen muss, sucht sie sich Kalifornien aus. Ihre Forschungen führen zu einer grundlegenden Studie über den Schamanismus der Indianer Kaliforniens, die in der Zeitschrift *The American Anthropologist* veröffentlicht wird.

Boas ernennt sie zu seiner Assistentin. Doch sie unterrichtet nicht gern. Viele Studenten amüsieren sich über ihre Schüchternheit und ihre Eigenart, so leise zu flüstern, als wollte sie eigentlich gar nicht gehört werden. Die intelligenteren unter ihnen sehen jedoch, was sich dahinter verbirgt. Vor allem Margaret Mead, die sich als der klügste Kopf von allen erweisen wird. Die fünfzehn Jahre jüngere Margaret ist auf Anhieb beeindruckt von dieser rätselhaften Dozentin, der nichts daran liegt, aufzufallen. »Sie war zögerlich und schüchtern und trug immer dasselbe Kleid«, erinnert sie sich später. Margaret ist in allem das Gegenteil. Die extrovertierte, temperamentvolle Frau wird drei Ehemänner und eine Tochter haben, im Laufe ihrer Karriere viele Reisen unternehmen und häufig unorthodoxe Positionen vertreten. Für Ruth Benedict ist sie schon bald eine vergötterte Geliebte – freilich mit der in ihrem Umfeld gebotenen Diskretion – und eine Art Tochter, die das verwirklichen wird, was sie selbst nicht erreichen konnte.

Ruth glaubt fest an Margarets Begabung. Sie unterstützt ihre ziemlich verrückte Idee, Feldforschungen am anderen Ende der Welt, in Samoa, zu betreiben und setzt sich dafür ein, dass die Universität Margaret reisen lässt. Sie hat ihre Studentinnen immer dazu ermuntert, genau so zu arbeiten wie ihre männlichen Kommilitonen, ungeachtet aller Vorurteile, die es damals gegen die Teilnahme von Frauen an Feldforschungen gab. Darum wurde sie heftig attackiert, als eine ihrer Studentinnen, die für ihre Forschungsarbeit in ein Indianerreservat vorgedrungen war, von einem Indianer vergewaltigt und getötet wurde.

Ruth Benedict redigiert alle Schriften von Margaret Mead und schickt ihr die eigenen Texte zum Korrekturlesen. Seit Jahren arbeitet sie an dem Buch, das ihr Hauptwerk werden wird: *Patterns of Culture*. Der 1934 veröffentlichte Band beginnt mit einem Zitat aus einer Indianersage: »Im Anfang gab Gott jedem Volk einen Tonbecher, und aus diesem Becher tranken jene ihr Leben.« Die zentrale Idee des Werks ist, dass jede Kultur, ebenso wie jedes Individuum, ihre eigenen »patterns«, klar umrissene Denk- und Handlungsmodelle, besitzt. Kultur als individuelle Persönlichkeit – ein Konzept, das Schule machen wird, ebenso wie sein wissenschaftstheoretischer Rahmen, der Kulturrelativismus.

Die Liebe zwischen ihr und Margaret Mead währt ein ganzes Leben lang. In den Interregnen von einem Ehemann zum nächsten und mit Zustimmung der toleranteren unter ihnen, wie Gregory Bateson, leben sie ihre Liebe aus. Aber ihre Verbindung bleibt auch dann bestehen, wenn Margaret nicht da ist, weil sie von ihren Arbeiten oder ihren Ehen in Anspruch genommen wird, und Ruth mit anderen Frauen zusammenlebt, die alle jünger sind als sie.

Während des Krieges bereichert Ruth Benedict die Anthropologie um ein weiteres grundlegendes Werk. Auf Anfrage des Kriegsinformationsbüros (Office of War Information) erklärt sie sich bereit, als Kriegsanthropologin über Asien zu forschen. Sie ist überzeugt, dass ihr Fach Einfluss auf das Weltgeschehen nehmen muss. Also zieht sie nach Washington um und beschäftigt sich ausgiebig mit Indochina. Doch das Land, das sie berühmt machen wird, ist Japan. Sie soll den Feind studieren, sie soll herausfinden, wie lange er den Bombardierungen standhalten, wie er auf den Einmarsch reagieren wird. Und ihre Ergebnisse soll sie den amerikanischen Militärbehörden erklären.

Sie ist nie in Japan gewesen, sie spricht kein Japanisch, aber davon lässt sie sich nicht entmutigen. Feldforschungen sind ohnehin nie ihre Sache gewesen. Sie ist vor allem Theoretikerin. Ihre Stärke liegt in der Reflexion und in ihrer Fähigkeit, beeindruckende Mengen von Daten aufzunehmen und zu verarbeiten. Also interviewt sie amerikanische Japaner, untersucht die Verhörprotokolle von Kriegsgefangenen, sieht sich japanische Filme an und liest stapelweise Bücher. Aus diesem gewaltigen Arbeitspensum geht ein Bericht hervor, der später unter dem Titel *Chrysantheme und Schwert* in Buchform veröffentlicht wird und ungemein erfolgreich ist. Noch heute lässt sich nicht genau abschätzen, wie groß der Einfluss war, den ihre Arbeit auf die Geschichte der Beziehungen zwischen Amerika und Japan nach dem Krieg gehabt hat. Manche behaupten sogar, dass MacArthurs Entscheidung, Kaiser Hirohito auf dem Thron zu lassen, auf Ruth Benedict zurückgeht.

Wenige Jahre nach diesem Erfolg stirbt sie an einem Herzanfall. Margaret Mead sitzt an ihrem Bett. Sie erinnert sich, dass Ruths Gesicht von einer »fast überirdischen« Schönheit war. Bevor sie in den Sarg gelegt wird, lässt Margaret ihre Tochter kommen, damit sie die Tote sieht, weil Ruth »die Schönheit Verstorbener immer so stark empfunden hat«. Die Freundin hatte ihr sicher von ihrer Kindheitserinnerung erzählt. Und so sollte sich der Kreis in gewisser Weise schließen.

Rachel Carson

1907–1964

4. Juni 1963. Im Raum Nr. 102 des amerikanischen Kongresses tagt die Untersuchungskommission, die mit einer Studie über den Einsatz von Pestiziden beauftragt ist. Seit Monaten wird Amerika von hitzigen Debatten erschüttert: Alles dreht sich um das Buch *Der stumme Frühling*, in dem die Biologin Rachel Carson vor den Gefahren eines massiven Einsatzes von Pestiziden warnt. Am 4. Juni soll sie vor der Kommission angehört werden. Der Vorsitzende, Senator Ribicoff, empfängt sie mit dem Satz, mit dem Abraham Lincoln einst Harriet Beecher Stowe, die Autorin von *Onkel Toms Hütte*, begrüßte: »Willkommen! Sie sind also die Frau, die das alles ausgelöst hat.«

Das ist keine leere Redensart. Tatsächlich hat Rachel Carson den Anstoß zu sehr weitreichenden Entwicklungen gegeben. Sie war nicht die Erste, die sich mit Pestiziden beschäftigte, aber sie hat ihre Ziele mit so großem Engagement verfolgt, dass sie als Erste die engen Grenzen von Expertenkreisen überwinden und die öffentliche Meinung mobilisieren konnte. In den frühen Sechzigerjahren war der Einsatz von Pestiziden allgegenwärtig, ob sie nun aus Flugzeugen über Felder und Städte gesprüht oder von Hausfrauen im Alltag verwendet wurden. Bis zu dem Zeitpunkt hatte noch keiner gesagt, dass dieses ganze Gift sich eines Tages gegen seine Benutzer wenden kann. Nur die Umweltschützer – aber Ökologie war damals noch ein exklusives Hobby.

Rachel Carson war die Erste, die auch den Mann auf der Straße für die Problematik empfänglich machen wollte, die erklären wollte, was DDT ist und welche Risiken damit verbunden sind, dass die Schadstoffe sich im Erdreich und in tieferen Bodenschichten, in pflanzlicher und tierischer Nahrung, also in der ganzen Nahrungskette anhäufen, um sich schließlich für immer im Fettgewebe des menschlichen Körpers abzulagern. Unter diesem Aspekt war ihr Buch *Der stumme Frühling* geradezu visionär. Sie beschrieb Entwicklungen, die sich erst im Anfangsstadium befanden, weil sich die Risiken von Pestiziden im Laufe der Jahre vervielfachen würden und man ihre Langzeitwirkungen damals noch nicht hatte testen können. Rachel Carson sah in ihrem Buch die Gefahr von Krebserkrankungen und genetischen Mutationen voraus, indem sie anhand von empirischen Daten den Rückgang des Vogelbestands – daher der Titel – in den mit DDT behandelten Gebieten bewies. Es ist ein mutiges Buch, für dessen Erscheinen die Autorin mit aller Kraft gekämpft hat, obwohl die chemische Industrie ihrem Verleger mit rechtlichen Schritten drohte.

Die Anhörung vor den Senatoren dauert vierzig Minuten. Rachel Carson spricht leise, in der Hand hält sie die Zettel mit ihren Notizen. Sie ist eine Frau von sechsundfünfzig Jahren, eine zarte, fast ätherische Erscheinung, und sie ist unheilbar an Krebs erkrankt, was freilich niemand wissen darf. (»Das wäre eine zu große Genugtuung für die chemische Industrie«, erklärt sie ihren Freunden.) Seit Monaten ist ihr Bild in allen Zeitungen zu sehen, die Chemielobby hat sie in Artikeln und bösen Karikaturen angegriffen – die Frage: »Warum interessiert sich eine alte Jungfer ohne Kinder eigentlich so für die Gefahren genetischer Mutationen?« ist noch einer der harmloseren Kommentare –, und die große Anzahl der Leser hat ihr Buch zu einem Bestseller gemacht. Dabei könnte man sich kaum einen Menschen vorstellen, der weniger geeignet wäre, die Massen in Aufruhr zu versetzen. Sie ist eine stille Frau, die ihr ganzes Leben in ihrer »kleinen Familie« verbracht hat: die Mutter, zwei Nichten und zwei Katzen. Seit Jahren liebt sie eine ältere verheiratete Frau, die schon Großmutter ist, aber auch das darf niemand wissen. Sie ist von zurückhaltendem Wesen, nur am Meer ist sie in ihrem Element, und sie verlässt nur ungern ihr Cottage an der Küste des Staates Maine. Vor allem, wenn man in Vollmondnächten die Tümpel erforschen kann, die die Ebbe hinterlassen hat. Aber diese Reise nach Washington war sie ihren Lesern schuldig.

1907 in eine sehr arme Familie geboren, kann Rachel Carson nur dank ihres eisernen Willens und der Kredite, die ihre Mutter aufnimmt, ein Studium der Biologie mit der Promotion abschließen. Die Mutter war eine zentrale Figur in Rachels Kindheit, sie nahm das Mädchen mit in die Wälder und brachte ihr die Namen von Pflanzen und Tieren bei. Rachel träumt davon, Wissenschaftlerin zu werden, doch als der Vater unerwartet stirbt und nicht einmal genug Geld für die Beerdigung da ist, muss sie sich den Realitäten stellen. Ihr Bruder ist verhaltensgestört, ihre Schwester wird Mutter, als sie selbst noch ein Kind ist. Rachel nimmt eine Arbeit in einer Regierungsbehörde an, die für Fischerei und Meeresbiologie zuständig ist, und wird zum Familienoberhaupt.

Abends widmet sie sich ihren Lieblingsbeschäftigungen: der Wissenschaft und dem Schreiben. Ihre Artikel schickt sie an Fachzeitschriften. Sie schreibt über die unterschiedlichsten Themen – Austernzucht, Hochseefischerei, das Ortungssystem der Fledermäuse, die Migrationsbewegungen der Schwalben –, und ihr Stil, der Präzision mit Poesie verbindet, ist schon jetzt perfekt. Beeindruckt von einem ihrer Artikel über das Meer, fragt ein Verleger, ob sie ein Buch daraus machen möchte. Rachel Carson braucht viel Zeit zum Schreiben, sie konsultiert unzählige Bücher, schreibt jede Zeile mehrmals um. Sie arbeitet am späten Abend oder im Morgengrauen, wenn es still im Haus ist. Nur die Katzen, die liebend gerne auf ihren Aufzeichnungen schlafen, dürfen in ihr Arbeitszimmer. Das Buch kommt 1943 in die Buchhandlungen, gerade als die Japaner Pearl Harbor angreifen, es wird vom Krieg überrollt und verkauft sich sehr schlecht. Rachel verliert dennoch nicht den Mut, sie schreibt weiter. Als ihre Schwester stirbt und zwei kleine Mädchen hinterlässt, werden ihre Freiräume noch enger. Da sie sich kein Auto leisten kann, muss sie jeden Tag lange mit dem Bus fahren, um in ihr Büro zu kommen.

Sobald sie ein wenig Geld hat, nimmt sie alle mit ans Meer: Mama, Nichten und Katzen. Bald findet sie den Ort, der wie für sie geschaffen ist, ein Eckchen an der Küste von Maine, in der Nähe von Boothbay Harbor. Jeden Sommer fährt sie dorthin. Der Ozean hat sie immer schon fasziniert. Sie liebt lange Spaziergänge am Strand, vor allem bei Ebbe. Meistens ist sie allein – sie zu begleiten wird ein Privileg, das nur wenigen Freunden vorbehalten ist, ein Moment »von mystischer Qualität«, so erinnert sich einer von ihnen. Ausgerüstet mit Kescher, Stiefeln und einem Korb für die Fundstücke, klettert sie über die Felsen, watet durch die Lachen des Ebbwassers, sammelt Algen und besondere Tiere. Wenn sie einen neugeborenen Krebs entdeckt, bohrt sie ihm mit dem Finger ein Loch in den Sand, weil sie fürchtet, er würde nicht in seine Höhle zurückfinden: »Er ist schnurstracks hineingekrabbelt, und beide waren wir sehr froh«, schreibt sie später in ihr Tagebuch.

Für ihre Arbeit unternimmt sie viele Reisen, besucht fast alle Naturschutzgebiete Amerikas, vom Parker River in Massachusetts bis zum Bear River in Utah, und immer sind es Tage »voller Notizen, Sümpfe, Schlamm, Sanddünen und Mücken«, von denen sie jedes Mal braungebrannt, todmüde und glücklich zurückkehrt. Sie lauscht

dem Ruf der wilden Schwäne, beobachtet den geord-
neten Flug der Enten und sieht, wie die Lachse die Wild-
bäche hinaufschwimmen, um sich zu vermehren.

Doch ihre verschiedenen Leben füllen sich mit
immer mehr Aufgaben: Tagsüber ist sie Wissenschaftlerin für die Regierung, abends Familienoberhaupt,
nachts Schriftstellerin. Am Ende muss sie sich entscheiden und wählt das Schreiben. Sie kündigt ihre Stellung,
engagiert einen Agenten und erhält nach wenigen Monaten den Vertrag für ein weiteres Buch über das Meer,
das ein Bestseller wird. *Geheimnisse des Meeres* – eine
beeindruckende poetische Biografie der Gewässer und
ihrer Bewohner – nimmt wie alle ihre Bücher nur langsam Gestalt an. Die ersten Kapitel erscheinen als Vor-
abdruck im *New Yorker* und sind eine literarische Sensa-
tion, noch bevor das Buch 1951 in den Buchhandlungen
liegt. Schon nach einem Monat wird eine zweite Auf-
lage gedruckt, das Buch wird in zweiunddreißig Sprachen übersetzt, es gewinnt den National Book Award
und wird zum Buch des Jahres gekürt.

Von nun an klingelt Rachel Carsons Telefon pau-
senlos. *Vogue* schickt Irving Penn, damit er sie fotografiert, die *New York Times Book Review* widmet ihr die
Titelseite. Es ist die Zeit ihrer intensivsten gesellschaft-
lichen Präsenz, aber sie endet jäh durch eine Krankheit. Die Ärzte sprechen von einer Zyste in der Brust,
doch Untersuchungen offenbaren einen Tumor, der sofort operiert werden muss. In der Familie häufen sich
die Probleme: Bruder Robert hat eine Ehefrau nach der

anderen, Nichte Marjorie hat sich in einen verheirateten Mann verliebt und wird verlassen, als sie schwanger ist. Über ihre familiären Probleme spricht Rachel mit niemandem. Sie lebt in einem »entsetzlich nervösen Zustand«, und nur auf den Strandspaziergängen oder bei der Arbeit allein in ihrem Büro findet sie zu ein wenig Gelassenheit zurück. 1953 beschließt sie, Grund und Boden in ihrem geliebten Maine zu kaufen und ein Cottage zu bauen, das sie »Silversledges« nennen wird: »Ich werde bald Besitzerin (ein eigenartiges, unpassendes Wort) eines herrlichen Stücks Land an der Küste von Maine sein«, schreibt sie einer Freundin. »Es geht auf die Mündung des Sheepscot, der so tief ist, dass genau vor diesem Küstenstreifen manchmal – stell Dir vor! – sogar Walfische vorüberziehen, die sich hier vor mir in ihrer ganzen majestätischen Größe tummeln und Wasser prusten.«

»Silversledges« wird zu ihrem Zufluchtsort. In den ersten heißen Junitagen zieht es sie dorthin, und sie bleibt, bis der September die Farben der Wälder rings um ihr Haus erglühen lässt. Ein benachbartes Paar, Stan und Dorothy Freeman, liest in der Zeitung, dass die berühmte Rachel Carson sich ganz in ihrer Nähe ein Cottage an der Küste gebaut hat, und schickt ihr einen Willkommensgruß. Rachel lädt sie zu einem Spaziergang am Strand ein, es ist der Beginn einer langjährigen Liebe zwischen ihr und Dorothy.

Dorothy Freeman ist fünfundfünfzig, neun Jahre älter als Rachel, sie liebt die Natur, Bücher, das Meer

und ist eine begeisterte Leserin von Rachel Carson. Die
beiden sehen sich jeden Sommer und schreiben sich
Tausende von Briefen. Da sie weiß, wie besitzergrei-
fend ihre Mutter ist, bittet Rachel die Freundin, ihr zwei
Briefe in einem zu schreiben, einen »offiziellen« und
einen privaten, »den Apfel«, wie er in der Geheimspra-
che der beiden Frauen heißt. Es geht nicht anders, ihre
Liebesgeschichte muss geheim bleiben: »Unser Fünk-
chen ›Verrücktheit‹ wäre für jeden zu schwer zu begreifen«, schreibt Rachel an Dorothy.

Dorothy ist Freundin, Geliebte, Verehrerin, und sie
ist die erste Leserin ihrer Texte. »Jemand, der mich
und das, was ich erschaffe, gleichermaßen liebt«, so
beschreibt Rachel sie. Die Sommer in Maine sind ihre
gemeinsame Zeit, auch in den schwierigsten Lebens-
phasen, wie dem Jahr, in dem Marjorie stirbt und einen
kleinen Waisen mit Namen Roger hinterlässt. »Es gibt
Kümmernisse und Sorgen, von denen ich Dir erzählen muss, das weiß ich … Aber ich werde versuchen, es
schnell zu machen, dann schließen wir die Tür hinter all
diesen Dingen und werden nur sehr, sehr glücklich sein,
meine Angebetete«, schreibt Rachel ihr.

Die Familie steht immer an erster Stelle. Rachels
liebste Vorstellung ist es, in ihrem abendlichen Brief
an Dorothy schreiben zu können: »Alles in Ordnung,
bei allen.« Sie arbeitet nach wie vor sehr viel, sammelt
Material für einen Führer über die Atlantikküste. An
ihren Forschungen hängt sie »wie ein Alkoholiker an
der Flasche«. In einem langen Aufsatz erklärt sie, wie

man Kinder an die Natur heranführt, und erzählt erstmals auch ein wenig über sich selbst. Dorothy ist hingerissen von dem Text: »Das Publikum entdeckt soeben eine neue Rachel Carson, die Rachel, die ich von Anfang an kannte, die märchenerzählende, versponnene, fantasievolle Rachel, die ich so sehr liebe.« Dieselbe, die imstande ist, den tiefen Herzschlag des Meeres zu hören, als wäre es ein Lebewesen, dieselbe, die abends das Grammofon auf die Veranda stellt, um Mendelssohns *Violinkonzert* zu hören, während sie auf den Ozean blickt. Bei Ebbe wird sie unruhig, nichts kann sie abends mehr im Haus halten, sie muss ans Wasser, mit Dorothy, mit ihrem Großneffen oder allein. Ihre Begegnungen mit den kleinen Küstentieren sind meist Rettungsaktionen voller Poesie, zum Beispiel als sie ein nasses Glühwürmchen entdeckt, das auf dem Sand mit dem Tod ringt. »Ich habe es vorsichtig aufgehoben und in Rogers Eimerchen gelegt, damit es trocknet. Dann haben wir es auf die Veranda gebracht, weit weg von der Versuchung, den Wellen noch einmal zu nahe zu kommen, hoffentlich.«

Rachel und Dorothy sprechen oft darüber, wie man die raue Schönheit ihrer Küstenlandschaft, die »lost woods«, wie sie die Wälder ringsumher nennen, schützen und erhalten kann. Doch den umliegenden Grund und Boden zu kaufen übersteigt ihre finanziellen Möglichkeiten. Da sie ihr kleines Paradies allein nicht vor der Zerstörung bewahren kann, beschließt Rachel, etwas zu tun, um andere Menschen für den Erhalt dieser Land schaft zu sensibilisieren. Sie beginnt, sich in Umwelt-schutzbewegungen zu engagieren, und erfährt auf diese Weise, dass Fachleute bereits eindringlich vor den Re-gierungsprogrammen einer intensiven Nutzung von Pestiziden warnen. In Alkohol aufgelöstes DDT wird aus Flugzeugen versprüht, und als ein Umweltschützer in Long Island, empört über die Zerstörung seines Gar-tens, die Regierung verklagt, sieht Rachel den Moment gekommen, ihre Berühmtheit in den Dienst der ökolo-gischen Sache zu stellen.

Die letzten drei Jahre ihres Lebens sind diesem Kampf gewidmet. Sie häuft »Berge von Material« an, bezahlt einen Sekretär, damit er den Prozess in Long Island ver-folgt, und eine Biologin, die ihr bei der Durchsicht der einschlägigen Literatur hilft, sie sammelt Informationen, befragt den Kreis ihrer Wissenschaftlerfreunde, telefo-niert mit ehemaligen Kollegen in Regierungsstellen und besucht medizinische Forschungszentren, um sich über die krebsverursachenden Substanzen von Pestiziden zu informieren. Angesichts der zu erwartenden Angriffe der chemischen Industrie muss jede einzelne Informa-tion genau überprüft werden. Eine Sisyphusarbeit. »Mit ihr zu arbeiten«, erinnert sich eine Kollegin, »war, als würde man die Fabel vom Hasen und der Schildkröte hautnah erleben. Ich habe wirklich gedacht, dass sie ihr Buch niemals fertigstellen würde.«

Ihr Gesundheitszustand verschlechtert sich. Bei einer Untersuchung wird ein weiterer Tumor in der Brust entdeckt, er ist zu weit fortgeschritten, als dass

man ihn operieren könnte. Rachel weiß, dass ihr nur
noch wenig Zeit bleibt. Sie arbeitet fast immer vom Bett
aus, diktiert in ein Aufnahmegerät. »Manchmal denke
ich wehmütig an die Vergangenheit zurück, Liebste, an
die Zeiten, als ich noch nicht unter diesem furchtbaren
Druck stand«, schreibt sie an Dorothy. »Wie gerne erinnere ich mich an die Tage, an denen ich mir in aller
Ruhe einen ganzen Vormittag (oder sogar länger!) Zeit
nahm, dir einen Brief zu schreiben.« Sie hat keine Zeit
mehr, ihr Körper ist am Ende seiner Kräfte, was bleibt,
ist die Arbeit (»Manchmal frage ich mich, ob es den
Schöpfer noch gibt«). Bald kommt der Tag, an dem
sie nicht einmal mehr in den Garten hinuntergehen
kann, um die eben aufgeblühten Blumen zu betrach-
ten. »Jeder Frühling ist so kostbar. Diesen habe ich so
sehr herbeigesehnt, und jetzt fühle ich mich verraten«,
schreibt sie.

Mitunter brechen ihre hektischen Aufzeichnungen
ab, als würden sie von Gedanken fortgetragen, die zu
groß sind, als dass sie sie in Worte fassen könnte. Sätze,
Gedichte, Pausen: »Mitten in der Nacht wache ich auf
und weine still um die Natur in Maine.« Als sie dem Verleger endlich das Manuskript liefern kann, schließt sie
sich in ihrem Arbeitszimmer ein, drückt eine ihrer Katzen an sich und bricht in Tränen aus. »Mit ihrer kleinen, rauen Zunge hat sie mir gesagt, dass sie mich versteht.« Der letzte Brief ist für Dorothy: »Wirst du mir
helfen, in einer Vollmondnacht im August, wenn eine
sehr, sehr große Ebbe herrscht, eine verzauberte Grotte

zu finden? Ich möchte es noch einmal versuchen, weil Erinnerungen so kostbar sind.« Sie stirbt am 14. April 1964 mit siebenundfünfzig Jahren. Einen Frühling hat sie noch erleben dürfen.

Caresse Crosby

1891–1970

Sie hieß Mary Phelps Jacob und stammte aus einer der bedeutendsten Familien New Englands. Geboren 1891, heiratete sie den Sprössling einer ebenso hochgestellten Familie und brachte zwei Söhne zur Welt. Als sie begriff, dass dies nicht der richtige Weg für sie war, reichte sie die Scheidung ein, um sich im Journalismus und im freien Unternehmertum zu erproben. 1914 erfand sie en passant den Büstenhalter, und da sie ein kluger Kopf war, ließ sie ihn patentieren und mit großem Erfolg industriell herstellen. Aber auch daran verlor sie bald die Lust und verkaufte das Patent, um sich wieder auf Festen und bei Pferderennen zu langweilen. Ihr war jedoch ein anderes Schicksal beschieden. Sie sollte die Kulturgeschichte des 20. Jahrhunderts unter dem weit poetischeren Namen Caresse bereichern und eine legendäre Liebesgeschichte mit dem Dichter Harry Crosby erleben. Die beiden wurden zu einem der berühmtesten Paare der amerikanischen Kolonie in Paris zwischen den Weltkriegen. Wie Zelda und Scott Fitzgerald, doch ohne Aufenthalte in psychiatrischen Anstalten. Wie Sara und Richard Murphy, doch ohne deren Milliarden.

Sie begegnen sich, als beide bereit sind, mit ihrer

Vergangenheit zu brechen. Harry Crosby ist ein gequäl-ter Mensch. Aus einer sehr reichen Bostoner Bankiers-familie stammend, hat er ein zu unruhiges Tempera-ment, um sich mit der ihm zugedachten Lebensweise des reichen Erben zu begnügen. Er geht nach Europa und zieht freiwillig in den Krieg. Als Krankenpfleger an der Marne verbringt er Monate damit, zerfetzte Kör-perteile einzusammeln, und kehrt mit dem Verdienst-kreuz und einem kleinen Sprung in der Seele nach Hause zurück. Noch ahnt niemand etwas von dieser Verletzung hinter der schönen, engelsgleichen Stirn, die den Frauen so sehr gefällt. Er ist besessen vom Tod, immer trägt er das Foto eines gefallenen Kameraden bei sich und spricht stundenlang mit ihm. »Er war ein poetisches Geschöpf und so tief verletzt, dass ich mich anfangs immer gefragt habe, ob er es überhaupt noch bis zum Jahresende schafft«, erinnert sich eine Freundin.

Mary wiederum ist mittlerweile geschieden – ein damals noch skandalöser Schritt – und hat mit ihren zwei kleinen Söhnen das eheliche Heim verlassen, um ihr Glück in New York zu versuchen. Auf einem Fest, das gemeinsame Freunde geben, lernen sie sich kennen. Harry ist wie vom Blitz getroffen. Zwar wird er ständig von schönen, reichen Frauen umringt, aber als er diese Frau kennenlernt – älter als er, mit zwei Kindern –, hat er fortan keine Augen mehr für andere. Eine Krankheit, sagen seine Eltern und setzen alles daran, ihn zu heilen, einschließlich einer langen Europareise.

Es nützt nichts. Harry hat sich für Mary entschieden, oder vielmehr für Caresse, wie er sie sofort tauft. Ihre nicht besonders auffällige, aber ungeheuer sinnliche Schönheit fasziniert ihn. Er ahnt, dass in dieser unabhängigen Frau ein Widerstandsgeist steckt, der dem seinen ähnelt. Und wenn sie an seiner Seite ist, »verschwinden alle schmutzigen Erinnerungen an den Krieg«, schreibt er in sein Tagebuch. Sie erwidert seine Liebe leidenschaftlich, aber heiraten will sie nicht. An die Ehe glaubt sie nicht mehr. Erst ein paar Jahre später gibt sie Harrys Drängen und dem letzten von vielen Telegrammen aus Europa nach: »Es reicht, ich reise dir auf dem Deck der *Aquitaine* entgegen, habe für die Rückkehr eine Hochzeitssuite gebucht, sag Ja, Harry.«

1922 heiraten sie und ziehen nach Paris. Caresses Söhne sind dabei, aber sie werden in dieser großen Liebesgeschichte immer nur zwei Komparsen sein, vernachlässigt und für lange Zeit in weit entfernte Internate gesteckt. Harrys Eltern, die seinen Lebensunterhalt bezahlen, sind von der Hochzeit nicht einmal benachrichtigt worden. »Harry besaß eine sehr große Gabe. Er war von herrlicher Unbekümmertheit«, wird Hemingway über ihn sagen.

Paris ist wahrscheinlich die einzige Stadt, die die beiden an sich binden kann. Harry bekleidet formell einen Posten in der familieneigenen Bank, doch in Wirklichkeit arbeitet er so wenig wie möglich und amüsiert sich lieber ausgiebig. Reich sind sie nicht, trotzdem geben sie ein Vermögen für einen privaten Rennstall aus, wo

sie ihre Pferde in den Farben von Hermès kleiden: perl-
grauer Kasack und schwarzer Umhang.

Vor allem schreiben sie. 1926 hat Caresse bereits
zwei Bücher bei einem angesehenen englischen Verlag
veröffentlicht, und ihre Gedichte haben D. H. Lawrence
so beeindruckt, dass er sie immer auf seinem Nachttisch
liegen hat. Harry tut sich schwerer damit, Worte zu Papier zu bringen, nicht zuletzt darum beschließt er – der
Suche nach einem Verleger überdrüssig –, selbst einen
Verlag zu gründen, den er Black Sun Press nennt.

Er sprüht vor genialen Ideen, hat aber wenig Sinn
fürs Praktische. Zum Glück ist Caresse eine geborene
Geschäftsfrau, sie macht die Black Sun Press zu einem
exzellenten Verlag mit edel ausgestatteten Büchern,
die sich damals nur schlecht verkauften, heute jedoch
in den großen Bibliotheken Frankreichs und Amerikas
stehen und begehrte bibliophile Sammlerstücke sind.
Im Katalog tauchen alle großen Namen auf, von Proust
bis Hemingway, von Faulkner bis Hart Crane.

Von außen betrachtet bilden sie ein glanzvolles, ele-
gantes Paar. Nur Caresse kennt Harrys Schattenseiten.
Er kultiviert kleine religiöse Obsessionen, die mit dem
Kult des ägyptischen Sonnengottes zusammenhän-
gen. Vor allem ist er besessen von der Idee, sich mit
ihr zusammen umzubringen. »Wir sind einander geis-
tig so nah«, schreibt er ihr in einem Brief, »dass ein gemeinsamer Tod in jedem beliebigen Augenblick uns
glücklicher machen würde, als wir uns je ausmalen
könnten, und dieses Glück würde ewig dauern.« Er lässt

sie schwören, dass sie zusammen Selbstmord begehen werden. Sie schwört, damit er beruhigt ist.

Harry betet sie an und sagt es ihr jeden Tag, aber er begehrt auch alle anderen Frauen und will, dass sie es weiß. Caresse ist bereit, das Spiel mitzuspielen, denn sie weiß, dass keine so viel von ihm bekommen wird wie sie. »Manchmal stand Harry mitten in der Nacht auf, zog sich an und verließ mit geheimnisvoller Miene das Haus«, schreibt sie in ihr Tagebuch. »Ich wurde nie aufgefordert, ihn zu begleiten. Doch wenn ich morgens aufwachte, lag er immer neben mir.« Sie gibt allen seinen Launen nach, dem Gruppensex mit jungen Frauen, die Harry aussucht, oder mit Unbekannten, die er nachts im Bois de Boulogne aufgabelt. Eine Spezialität des Hauses sind die »mad parties« mit vier Frauen in der Badewanne und Gästen, die kommen und gehen, um Sex mit ihnen zu haben. Eines Abends lagen sie zu siebt im Bett, aber sie sollten nie erfahren, wer der Siebte war, erinnert sich Caresse. Er war zufällig dazugekommen und hatte am Morgen nur eine Nachricht dagelassen: »Tut mir leid, ich muss um neun im Büro sein.«

Gelegentlich droht eine Frau, die reizvoller ist als die anderen, das Paar in eine Krise zu stürzen. Zum Beispiel Constance Crowninshield, die Nichte des Gründers von *Vanity Fair*, die auf einem gelben Hispano-Suiza das Leben der beiden kreuzt. Oder die aufregende russische Malerin Pola. Doch Harry kehrt jedes Mal zu Caresse zurück. Sie ist diejenige, mit der er alles ausprobiert. Auch Drogen und die Reisen nach Ägypten. Dort lässt er sich tätowieren, obwohl dies in England verboten ist: eine große Sonnenscheibe auf dem Rücken, ein Kreuz unter dem rechten Fuß, ein heidnisches Sonnensymbol unter dem linken.

Immer wenn sie in Paris sind, erobern sie sich mit ihrem exzentrischen Lebensstil jedes Mal alle Freunde zurück. Sie hat vollkommene Beine und eine katzenhafte Anmut, er geht stets streng in Blau und Schwarz gekleidet, doch seine Fingernägel sind karmesinrot lackiert. Ihr unzertrennlicher Begleiter ist das Hündchen Narcisse mit Cartier-Halsband und goldlackierten Krallen. Wenn sie nicht gerade bei Pferderennen sind oder Feste feiern, verbringen sie den größten Teil des Tages in ihrem großen Bett, wo sie schreiben, arbeiten und Freunde empfangen.

Er ist zunehmend besessen von der Idee des Selbstmords. Seit Langem schon hat er einen kleinen Revolver mit intarsiengeschmücktem Griff in der Schublade liegen und in der Tasche beider Letzten Willen: »Wir wünschen zusammen zu sterben, wir wünschen zusammen eingeäschert zu werden, wir wollen, dass unsere Asche vermischt und bei Sonnenaufgang von einem Flugzeug aus verstreut wird, während Kanonen schießen als Sinnbild unserer Explosion in der Sonne.« Er hat für sie unterschrieben.

Schließlich wird ihn doch eine andere begleiten: Josephine Bigelow, eine blutjunge Frau aus Boston, reich und privilegiert wie er. Zunächst scheint sie eine Affäre wie alle anderen zu sein, doch sie schwört, dass sie mit ihm zusammen sterben will. Langsam bereitet sich die Vorstellung in Harrys Geist Bahn. »Sie ist wahnsinnig, und der Wahnsinn ist verlockend. Besonders für mich, der ich selbst wahnsinnig bin«, schreibt er in einem Brief. Auf einer Reise nach New York im Jahr 1929 schließt er sich mit Josephine in einem Zimmer ein und setzt seinen Plan in die Tat um. Zwei Pistolenschüsse, kein Schreiben, keine Erklärungen.

Für Caresse ist es ein furchtbarer Schlag. Sie wusste, mit welchen Gespenstern Harry seit Jahren kämpfte, hätte aber nie gedacht, dass er sich je mit einer anderen Frau verabschieden würde. Mit Harrys Asche in einer Urne kehrt sie nach Paris zurück. Es folgen noch viele Liebschaften – zweihundert, zählt eine Freundin – und eine kurze Ehe mit einem Mann, der achtzehn Jahre jünger ist als sie. Vor allem aber bleibt sie nicht untätig. Sie leitet eine Kunstgalerie in Washington, gründet eine Literaturzeitschrift, ruft eine pazifistische Vereinigung ins Leben, kauft Häuser und Grundstücke in ganz Europa. Eines der letzten ist ein Schloss in der Nähe von Rom, sie träumt davon, dort eine Künstlerkolonie zu gründen. Das Schreiben hat sie fast ganz aufgegeben – obwohl es Leute gibt, die behaupten, dass sie es war, die innerhalb weniger Wochen die erotischen Erzählungen des *Opus pistorum* für ihren Freund Henry Miller niederschrieb, während er den Vorschuss für das Buch auf einer langen Autoreise quer durch die USA verjubelte. Sie veröffentlicht weiter Bücher von anderen, allen voran sämtliche Werke von Harry Crosby. Sie

kann ihn nicht vergessen. Im Gegenteil, allmählich ver-
zeiht sie ihm. Kurz vor ihrem Tod 1970 schreibt sie:

> Meine Hände oder ihre
> das ist unwichtig…

Dorothy Dandridge

1922–1965

Sie war wunderschön. Schwarze Augen, volle Lippen, und diese herrliche Milchkaffeehaut – so wurde sie beschrieben –, durch die sie sich von allen anderen Sexsymbolen ihrer Zeit unterschied. Aber sie hatte noch mehr: angeborene Klasse und Eleganz. Zu viel für das Hollywood der Fünfzigerjahre, das nicht bereit war, einer schwarzen Frau mehr als Rhythmus im Blut und Sinnlichkeit zuzugestehen. Sie wollte eine große Schauspielerin werden, aber es gab keine Drehbücher für sie. Höchstens ein paar Rollen als Sklavin, als Dschungelkönigin. Ein einziges Mal war sie eine echte Heldin, als Carmen unter der Regie von Otto Preminger, was ihr eine Nominierung für den Oscar einbrachte. Dann kam nichts mehr. Deshalb hat sie sich 1965, zweiundvierzigjährig, mit einer Überdosis Schlaftabletten umgebracht.

Ihre Karriere beginnt in den Zwanzigerjahren in der Welt der Musik. Schon mit vier steht sie auf der Bühne, singt, tanzt, rezitiert Gedichte. Ihre Sporen verdient sie sich in den Baptistenkirchen der Schwarzen. Die Mutter arbeitet als Haushaltshilfe, hegt aber künstlerische Ambitionen und hat beschlossen, ihre beiden Töchter Dorothy und Vivian zu Berühmtheiten zu machen. Die korpulente Ruby Dandridge ist keine gewöhnliche Frau. In den Vierzigerjahren wird auch sie flüchtige Berühmtheit beim Film erlangen, wo sie Dienerinnenrollen spielt. Sie hat ihren Mann verlassen, arbeitet, um sich ihren Lebensunterhalt zu verdienen, und lässt ihre Geliebte bei sich zu Hause einziehen, Neva, eine schwarze Pianistin, der sie die musikalische Erziehung ihrer Töchter und praktisch die ganze Haushaltsführung anvertraut. Neva ist eine grausame Frau. »Sie schlug mich, bis ich weinte, und dann schlug sie mich, weil ich weinte«, erinnert sich Dorothy Jahre später. Heute würde man von Misshandlung sprechen, sogar von sexuellem Missbrauch, denn als die Mädchen in die Pubertät kamen, zwang Neva sie regelmäßig zu peinlichen Kontrollen, um ihre Jungfräulichkeit zu überprüfen.

Nachdem sie jahrelang durch die Baptistenkirchen getourt sind, beschließen Neva und Ruby, dass es Zeit wird, ihr Glück in Kalifornien zu versuchen. Sie verstauen ihre ganze Habe in ein paar Koffern und kaufen die Busfahrkarten. Die Anfänge sind schwierig. Elende Behausungen, viel Arbeit, Unterricht in Gesang, Tanz, Gymnastik, Benehmen. Ruby lässt ihre Töchter vor sämtlichen schwarzen Schauspielern und Leuten vom Showbusiness in Los Angeles auftreten. Der eine sagt, sie seien nicht schwarz genug, um groß rauszukommen, der andere rät ihr ohne Umschweife, dorthin zurückzukehren, woher sie gekommen ist. Endlich willigt der Schauspieler Ben Carter ein, sich eine Gesangsprobe anzuhören. Dann stellt er ein anderes talen-

tiertes Mädchen, Etta Jones, dazu und kreiert das Trio
der Dandridge Sisters.

Die Aufführungen enden immer spät in der Nacht,
und am nächsten Tag müssen die Mädchen in die
Schule. Es ist ein sehr hartes Leben, aber langsam werden die großen Namen des Musikgeschäfts auf sie aufmerksam, vor allem auf Dorothy. Nat King Cole will sie
in einem Filmmusical an seiner Seite, Louis Armstrong
lässt sie mit seiner Limousine zu den Konzerten ab-
holen. 1938 tritt Dorothy im Cotton Club in New York
auf. Sie ist sechzehn und von fast unwirklicher Schönheit. Schlank, schmale Hand- und Fußgelenke, perfekte
Züge – wenn sie einen Raum betritt, erregt sie Aufsehen.
Alle Männer erliegen ihrem Reiz. Einer besonders, der
schwarze Tänzer Harold Nicholas, der jüngste der ge-
feierten Nicholas Brothers. Die strenge Neva duldet ihn
nur, weil er berühmt ist.

Dorothy hat genug von der drückenden Atmosphäre
zu Hause. Sie will nicht mehr im Trio singen, sie hat es
satt, kontrolliert zu werden. Der Fluchtweg ist Harolds
Heiratsantrag, den sie ohne zu zögern annimmt. Sie
heiraten 1942, aber die Ehe entpuppt sich sofort als ein
Desaster, denn Harold ist ständig abwesend, entweder
beim Golfspielen oder hinter anderen Frauen her. Die
Verbindung dauert mit Hochs und Tiefs bis 1949, dann
reicht Dorothy zermürbt die Scheidung ein.

1943 wurde Tochter Lynn geboren. Es war eine
schwierige Entbindung, bei der die Kleine Hirnschäden
davontrug. Als sie drei Jahre alt ist, steht fest, dass sie

niemals wie andere Kinder sein wird. Sie spricht nicht, sie schläft nicht, läuft ständig fort, verletzt sich an allem, was sie anfasst, muss ununterbrochen überwacht werden. Dorothy kann sich nicht damit abfinden, sie will eine Erklärung, vor allem aber Heilung, und bringt sie zu den besten Ärzten. Doch der Urteilsspruch ist immer derselbe: Es gibt keine Behandlung, keine Hoffnung. Lynn wird zunächst der Großmutter anvertraut, dann einer professionellen Pflegerin, die bereit ist, das Mädchen bei sich zu Hause großzuziehen.

Dorothy stürzt sich mit ganzer Kraft in die Arbeit. Von jetzt an allein. Für ihren Lebensunterhalt singt sie weiterhin in Nachtklubs, aber sie hat beschlossen, Schauspielerin zu werden. Sie besucht Kurse im Actors Lab von Los Angeles. Damals ist ein so ehrgeiziges Ziel für eine schwarze Frau purer Irrsinn. In den Studios wüssten die Maskenbildner nicht einmal, wie sie eine Schauspielerin mit ihrer Hautfarbe schminken sollen. Aber Dorothy hat von klein auf gelernt, hart zu arbeiten. »Meine Schwester trainierte vierundzwanzig Stunden am Tag, um ein Star zu werden«, erinnert sich Vivian.

Wieder bietet sich ihr die beste Chance in der Welt der Musik. Phil Moore, ein erfolgreicher Musiker und Arrangeur, der mit Frank Sinatra, Count Basie und Louis Armstrong arbeitet und den Hollywoodstars Musikunterricht erteilt, verliebt sich in sie. Er wird ihr Manager und Liebhaber. Moore ist beleibt, unattraktiv, aber sehr von sich überzeugt, und er ist weiß, wie alle Männer, die nach ihm kommen werden. Dank Phil Moore macht Dorothys musikalische Karriere einen Qualitätssprung. Jetzt singt sie in Lokalen wie dem Bingo in Las Vegas, dem Mocambo in Los Angeles und dem Vie en Rose in New York. Moore und sie sind inzwischen ein festes Paar. Sie leben in einem Doppelapartment am Sunset Boulevard, geben oft Abendgesellschaften für Freunde.

Nachdem sie sich in den besten Nachtklubs Ruhm erworben hat, dauert es nicht lange, bis die Filmstudios auf Dorothy aufmerksam werden. Ihre erste Rolle ist die der schönen schwarzen Königin Melmendi in dem Film *Tarzan's Peril* aus dem Jahr 1951. Eine Nebenrolle, aber für Dorothy Gelegenheit genug, um mit ihrer Schönheit die Darstellerin der Jane in den Schatten zu stellen. Dann folgt *Harlem Globetrotters* für die Columbia. Freilich sind das alles nur B-Pictures. Immer wieder muss Dorothy sich mit der Musik behelfen. Sie mag die Nachtklubs nicht, die sie verächtlich »Saloons« nennt, sie mag das Publikum nicht, weil es sie noch stärker spüren lässt, dass sie eine schwarze Frau in einer Welt der Weißen ist, und bevor sie auf die Bühne geht, hat sie regelmäßig Panikanfälle. Manchmal wird sie ohnmächtig. Aber die Leute stehen Schlange, um sie zu sehen.

»Eine vollendete Lady«, urteilt ihre Kollegin Clora Bryant, als sie Dorothy in Tennissöckchen und Strasssandaletten zu den Proben für eine Aufführung kommen sieht. »Sie hatte kleine, ausdrucksvolle Hände. Die

Art, wie sie sie bewegte, war reine Poesie.« Alles reißt sich um sie, auch in Europa. Sie wird fürs Fernsehen engagiert. Ihr Erfolg macht Phil Moore zu schaffen, er erträgt seine Rolle als Prinzgemahl nicht. 1951 tritt er von der Bühne ab, lässt Dorothy aber zuvor eine Verpflichtung unterschreiben, ihm zwei Jahre lang einen Teil ihrer Einkünfte zu überweisen.

Die Tourneen in den Südstaaten sind die größte Belastung. In den Luxushotels nimmt man sie zwar auf, aber sie muss den Lieferantenaufzug benutzen und ihre Mahlzeiten auf dem Zimmer einnehmen. Im Hotel La Frontier in Las Vegas geht man so weit, den Swimmingpool zu leeren, um zu verhindern, dass sie gemeinsam mit den weißen Gästen badet. Sie ist aus der Gemeinschaft der Schwarzen verstoßen, weil sie für Weiße singt und im Filmgeschäft der Weißen arbeiten will, und wird aber auch in der Welt der Weißen nicht anerkannt. Wenn es zu unangenehmen Zwischenfällen kommt, macht sie jedoch keine Szene, dafür ist sie viel zu sehr Dame. Sie schickt ihren Agenten oder ihr Zimmermädchen, um die Sache für sie zu klären.

1952 spielt sie in dem Film *Bright Road* an der Seite des Sängers Harry Belafonte. Die beiden sind ein perfektes Paar. Sie werden noch zwei weitere Filme zusammen machen und bleiben enge Freunde, haben vielleicht auch eine kleine Affäre. Aber Belafonte wird immer ein vorbildlicher Gatte bleiben, für ihn ist Dorothy eher ein Spiel, nichts Ernstes. Ihre Liebhaber sind weiterhin Weiße. Wie der Regisseur Gerald Mayer, ein

Neffe des Besitzers der MGM, der sie jedoch nicht heiraten will, um seine Karriere nicht zu gefährden. Oder der englische Schauspieler Peter Lawford, ein attraktiver, gebildeter Mann, der zwar aufrichtig verliebt ist, sich aber dennoch schämt, sie zum Abendessen auszuführen, und nicht den Mut hat, sie seiner Mutter vorzustellen, der gefürchteten Lady Lawford. »Ich habe ihn mehrmals darum gebeten. Er schob es immer auf. Das war eine der schlimmsten Beleidigungen, die ich in meinem Leben erfahren musste«, erinnert sich Dorothy. Jeden Abend häufen sich in ihrer Garderobe Blumen und Billette, aber sie führt das Leben einer Gefangenen. »Der Mythos von der schwarzen Frau und ihrer Sinnlichkeit brachte sie in Rage«, erinnert sich ihr Manager Earl Mills.

1953 unterschreibt sie den Vertrag für den Film, der einen Weltstar aus ihr machen wird. Es ist die Geschichte der *Carmen*, Regie führt der herrschsüchtige, launenhafte Otto Preminger. Als Dorothy erfährt, dass Preminger am Drehbuch für eine Filmfassung von Bizets Oper *Carmen* schreibt, die in der Welt von Amerikas Schwarzen spielen soll, steht für sie fest, dass dies ihre Rolle ist. Preminger findet sie viel zu elegant: »Carmen ist ein Mädchen vom Land. Wenn ich Sie anschaue, sehe ich jedes Mal die Fifth Avenue.« Dorothy dreht sich auf dem Absatz um, verlässt türenschlagend den Raum und kommt am nächsten Tag als Zigeunerin verkleidet wieder: stark geschminkt, mit weitem Rock und tief ausgeschnittener Bluse. Ihr Auftritt im Studio, die Hände auf die runden Hüften gestützt, sagt alles, sie muss nicht einmal mehr den Mund aufmachen. »Mein Gott, das ist ja Carmen!«, ruft Preminger aus.

Dorothy und Preminger werden fast sofort ein Paar. Er ist verheiratet, muss das Verhältnis geheim halten, aber er verspricht ihr, dass er einen Star aus ihr machen wird. Sie soll sich nach seinem Geschmack kleiden – fast immer rät er ihr zu Weiß und Beige, Farben, die ihre braune Haut hervorheben –, er sorgt dafür, dass sie nach Hollywood zieht, wo die Stars wohnen, er bringt sie auf die Titelseiten aller Zeitschriften, von *Esquire* bis *Life*, und er lässt sie einen Dreijahresvertrag mit der Twentieth Century Fox unterschreiben. Für die Welt ist sie der erste schwarze Hollywoodstar. Bei den Oscar-Nominierungen 1954 rangiert sie neben Grace Kelly, Judy Garland und Audrey Hepburn.

Doch nach *Carmen Jones* wird alles schwieriger. Dorothy will keine Nebenrollen mehr. Sie lehnt es ab, die Tuptim in dem Filmmusical *Der König und ich* zu spielen, sie hat die Sklavinnen satt, aber sie muss erleben, dass ihr die Rollen, die sie interessieren, verweigert werden. Denn eine schwarze Frau in einem Film spielen zu lassen bedeutet immer, das Rassenproblem in die Geschichte hineinzutragen. Als sie entdeckt, dass sie ein Kind erwartet, kommt es zu einer wütenden Auseinandersetzung mit Otto Preminger. Er will nichts davon wissen und bringt sie zu einem Arzt, damit sie abtreibt. Jahrelang weigert sie sich, ihm noch einmal zu begegnen: »Otto war schrecklich. Wirklich schrecklich. Viele dieser kleinwüchsigen Männer, die in Hollywood kommandieren, sind schrecklich. Ich glaube, Otto hat nie geliebt und ist nie geliebt worden.«

Sie ist eine der schönsten Frauen Hollywoods, aber sie scheint dazu verdammt, allein zu bleiben. Jack Perito, ein weißer Musiker, der sie jahrelang am Klavier begleitet hat und einer ihrer besten Freunde war, hat darüber seine eigene Theorie: »Manchmal haben die Männer Angst vor einer sehr schönen Frau, egal, ob ihre Haut weiß oder schwarz ist. Ich kann mir vorstellen, dass Marilyn Monroe das gleiche Problem hatte: die Angst der Männer, mit einem der größten amerikanischen Sexsymbole – egal ob Marilyn oder Dorothy – im Schlafzimmer zu sein und als Geliebter ihren Ansprüchen nicht genügen zu können.« Für Dorothy gibt es wenig Arbeit. Alle bewundern sie, aber niemand gibt ihr eine Rolle. 1955 dreht sie *Island in the Sun* und 1957 *Tamango*. Dann folgt *Porgy and Bess*, wieder unter der Regie von Otto Preminger. Die Dreharbeiten sind eine Tortur, er bringt sie fortwährend zum Weinen.

Ihre Karriere ist nicht so verlaufen, wie sie gehofft hatte. Manchmal ist sie es leid, auf eine Rolle zu warten, die nie kommt, aber was soll sie tun. Sie fängt wieder eine Beziehung mit einem Weißen an, Jack Denison, ein ehemaliger Kellner mit zwielichtigen Freunden, der es zum Boss des Kit Carson Club in Las Vegas gebracht hat. Ihr Agent lässt Nachforschungen anstellen und entdeckt, dass Denison bis zum Hals in Schulden steckt, aber sie will nichts davon hören und heiratet ihn schließlich. Jack Denison ist ein Egoist, ein eitler Stutzer und Aufschneider. Er versucht, ein Drehbuch zu schreiben, obwohl er praktisch Analphabet ist. Was er am besten kann, ist, Dorothys Geld auszugeben. Wie sie bald entdecken muss, neigt er zu sadistischen Gewaltausbrüchen, verprügelt sie häufig. Nach einem Streit stiehlt er all ihre Familienfotos und verbrennt sie. Ein anderes Mal bedroht er sie mit einem Gewehr. Das Geld seiner Frau benutzt er, um sein Restaurant zu finanzieren, und als die Geschäfte schlecht laufen, überredet er sie zu singen, um Kunden anzulocken.

Doch Dorothy ist inzwischen unaufhaltsam auf dem Abstieg. Das Alter macht sich bemerkbar, es nimmt ihr nicht die Schönheit, aber es verwandelt sie in ein melancholisches, ätherisches Wesen. Sie trinkt unmäßig, was sie nie zuvor getan hat. Noch singt sie, weil sie Geld braucht, aber sie ist ein Schatten ihrer selbst. Sie lässt sich für ein paar Musicals engagieren, doch die Vorstellungen müssen abgebrochen werden, weil sie auf der Bühne ohnmächtig wird. 1962 erreicht sie die Scheidung. Die Gläubiger pfänden ihre Villa in Beverly Hills. Sie trinkt immer mehr und nimmt jetzt auch Tabletten dazu, eine gefährliche Mischung. Fast immer sitzt sie allein zu Haus. Nachts ruft sie Freunde an, spricht stundenlang mit ihnen. Manchmal singt sie am Telefon für sie. Allen sagt sie immer wieder: »Ich bin so müde.« Am 8. September 1965 findet Earl Mills sie leblos in ihrem Zimmer auf dem Boden liegen. Sie hat ein paar Zeilen zum Abschied hinterlassen. In ihrem Testament, das sie aufgesetzt hatte, als sie noch reich und berühmt war, vermacht sie ihre ganze Habe der kranken Tochter und der Vereinigung für Bürgerrechte.

Hilda Doolittle

1886–1961

Es ist das Jahr 1901. In Philadelphia wird Halloween gefeiert. Ezra Pound ist neunzehn Jahre alt und gilt bereits als Genie. Man munkelt, dass er schreibt. Er hat langes, widerspenstiges Haar, ein maßloses Ego und eine ausgeprägte Vorliebe für Skandale. Zum Fest ist er als arabischer Prinz verkleidet erschienen: mit großem Samthut, goldenem Ohrring und roten Strümpfen. Hilda Doolittle ist erst fünfzehn und eine Schönheit. Blond, hoch aufgeschossen und wild. Als ein Gewitter losbricht, verlässt sie unter den entzückten Blicken von Pound das Fest, rafft ihren langen Rock, läuft in den Garten und ruft: »Komm, Regen, du bist schön!«

Für beide ist es die erste Liebe. In einem Buch, das sie über ein halbes Jahrhundert später schreibt, denkt Hilda immer noch wehmütig an die Küsse im Schnee (»elektrisierend, magnetisch«), die Nachmittage auf dem großen Ahornbaum im Garten (»Warum bin ich überhaupt je von diesem Baum heruntergestiegen?«) und vor allem an ihre Initiation in die Literatur (»Vielleicht wurde das Wort in der Kälte unseres ineinander strömenden Atems geschrieben«). Ezra Pound liest ihr Verse seiner Lieblingsdichter vor und ermuntert sie zu ihren ersten Übersetzungen aus dem Griechischen, eine

Arbeit, die ihre ganze Karriere als Dichterin begleitet. Er wird eine andere Frau heiraten, aber sein Leben lang mit Hilda verbunden bleiben.

Anfangs ist die Rede von Verlobung. Doch ein Riesenskandal (Ezra Pound wird aus der Schule gewiesen, weil er eine Frau mit auf sein Zimmer genommen hat) verschafft Hildas Eltern – die Pound nicht ausstehen können – die Gelegenheit, die beiden zu trennen. Hilda und Ezra werden sich dennoch niemals aus den Augen verlieren. In den Jahren vor dem Ersten Weltkrieg sind sie zusammen in London, wohin sie ihm gegen den Willen ihrer Eltern gefolgt ist, um die Literatur für sich zu entdecken. Er umwirbt bereits Dorothy Shakespear aus dem Kreis um Yeats, die später seine Frau wird. Hilda zieht mit dem Dichter Richard Aldington zusammen, doch Pound platzt regelmäßig bei ihnen herein, um Hilda seine Arbeiten vorzulesen. Sie sei seine »engste Verwandte«, sagt er. Und er wird ihr Trauzeuge sein, als Hilda 1913 Aldington heiratet. Vor allem aber wird er sie zur Lyrikerin ernennen.

Die Szene hat Hilda selbst geschildert. In der Cafeteria des British Museum zeigt sie ihm zum ersten Mal ihre Schreibversuche. Er liest und ruft aus: »Das ist ja Poesie!« Dann nimmt er die Blätter mit, er will sie in der Zeitschrift *Poetry* veröffentlichen lassen, wo sein Wort bereits gilt wie das eines Propheten. An den unteren Seitenrand hat sie mit rotem Stift geschrieben: »H. D. Imagistin.« Es ist die Geburt eines Pseudonyms, H. D., unter dem Hilda Berühmtheit erlangt, und einer literarischen Bewegung, des Imagismus, dessen Symbolfigur sie wird. Pound, der sich bald mit den anderen Dichtern überwirft, trennt sich von der Gruppe und gründet eine neue Bewegung, den Vortizismus. Aber er wird weiter Hildas Werke bewundern, ihre Gedichte, Erzählungen, Romane. Fast alles ist autobiografisch, inspiriert von ihrem stürmischen Liebesleben.

Denn die unglücklich verheiratete Hilda hat eine leidenschaftliche Affäre mit D. H. Lawrence. Jahrelang ist es die heimlichste Liebesgeschichte des literarischen London (einige behaupten, Hilda sei das Vorbild für Lady Chatterley gewesen, nicht dieses Mannweib Frieda, Lawrences Ehefrau, die sich, als alles aufflog, mit ihm davonmachte). Hilda ihrerseits flieht mit dem Musiker Cecil Gray nach Cornwall und bringt ein Mädchen zur Welt, Perdita, doch wer der Vater ist, kann sie nicht mit Bestimmtheit sagen. Manche flüstern, es sei Lawrence. Gray wäscht seine Hände in Unschuld und verschwindet. Aldington weigert sich, dem Kind seinen Namen zu geben. Als sie in der Klinik entbindet, ist nur Ezra Pound an ihrer Seite. Auf seinen Spazierstock gestützt, sitzt er am Bett der Freundin und erklärt: »Ich habe nur einen einzigen Einwand: dass es nicht meine Tochter ist.«

In Wirklichkeit graut Hilda vor der Mutterschaft, sie ist am Rand eines Nervenzusammenbruchs, was bei ihr ziemlich häufig vorkommt. Gerettet wird sie von einer jungen Engländerin, die eines Tages vor ihrer Tür steht und alle Gedichte Hildas auswendig aufsagt. Sie heißt

Annie Winifred Ellerman, aber sie wird unter ihrem Pseudonym Bryher in die Literaturgeschichte eingehen. Die Erbin eines der reichsten Männer Englands, eines Reedereimagnaten und Zeitungstycoons, wollte immer ein Junge sein, und als sie Hildas Bücher liest, ist ihr klar, dass sie diese Frau liebt. Von nun an bis zu ihrem Tod wird sie Hildas Gefährtin und Mäzenatin sein. Tatsächlich ist sie mit ihrer leidenschaftlichen Schwärmerei für die Lyrikerin (»Es ist schrecklich«, schreibt Hilda, »kein Mann hat mich je so sehr geliebt«) die einzige Sicherheit in Hildas kompliziertem Liebesleben.

In der Nähe von Montreux in der Schweiz – wo Bryher aus steuerlichen Gründen lebt – baut sie der Freundin eine prächtige Villa als Refugium für ihre Arbeit, sie schenkt ihr lange Reisen in exotische Länder, sie hilft ihr bei ihren turbulenten Männerbeziehungen, unter denen sich auch zwei ihrer eigenen Ehemänner befinden. Sie hat sie aus Anstandsgründen geheiratet und leiht sie der Freundin gerne aus. Bei dem zweiten, Robert MacAlmon, wird die Situation noch komplexer: Er ist nämlich nicht nur Hildas Liebhaber und der Ehemann von Bryher, die ihrerseits ebenfalls die Geliebte von Hilda ist, sondern das Ehepaar adoptiert auch Hildas Tochter Perdita, gibt ihr einen Namen und sichert ihr Auskommen.

Hilda gesteht, dass sie die Verbindung mit Bryher oft wie ein Gefängnis empfindet, gleichzeitig weiß sie, dass sie ihr alles verdankt. »Ich ertrage die Last des Zusammenlebens mit ihr nicht, aber ich kann sie auch nicht verlassen«, schreibt sie. Immer wieder begibt sie sich unter ihren Schutz und lässt sich doch fortwährend auf Männergeschichten ein, um ihr Dichterinnenherz mit Leben zu füllen. Ihr Elsternnest, wie sie es nennt. Sie geht nach Wien, um eine Analyse bei Freud zu machen, der vergeblich versucht, Ordnung in ihr Gefühlschaos zu bringen; sie spielt in den ersten Filmen mit, die Bryher produziert; sie veranstaltet erfolgreiche spiritistische Sitzungen mit einem Offizier der Royal Air Force, der behauptet, mit den Soldaten sprechen zu können, die im Kampf gefallen sind. Und sie schreibt ohne Unterlass.

Der Briefwechsel zwischen ihr und Ezra Pound bricht nie ab, auch dann nicht, als er im Radio Lobeshymnen auf den Faschismus singt, als die Amerikaner ihn in Pisa in einen Käfig stecken und als er später lange in einer psychiatrischen Anstalt in den USA eingeschlossen ist. Zur selben Zeit hält sich auch Hilda in einer psychiatrischen Klinik auf, einem luxuriösen Krankenhaus bei Zürich, wo sie bis zu ihrem Tod fast ununterbrochen leben wird. Sie ist zu zerbrechlich, alles ängstigt sie, ihre Nervenzusammenbrüche häufen sich, und sie kann mittlerweile nur noch in ihrem Krankenhauszimmer arbeiten. Sie stirbt 1961, nachdem sie einen großen epischen Zyklus über Helena und den Trojanischen Krieg abgeschlossen hat, als erste Frau der Moderne, die den ganz und gar männlichen Weg der Epik beschritt. Freilich auf ihre eigene Weise, unter dem Vorzeichen der von ihr so sehr geliebten Liebe. »There was a Helen before there was a War«, schreibt sie.

Dorothy Draper

1889–1969

»Amerikanische Frauen lassen sich in zwei Kategorien einteilen: Die einen sind glücklich verheiratet, die anderen werden Innendekorateurin«, erklärte sie. Als sie selbst wegen einer Jüngeren von ihrem Mann verlassen wurde, ging sie zum Psychoanalytiker. Doch nachdem sie viele Nachmittage auf der Couch damit zugebracht hatte, im Geiste das Behandlungszimmer umzugestalten, beschloss sie eine neue Strategie. Sie setzte ihre Träumereien in die Tat um, begann eine Laufbahn als Innenausstatterin und wurde zur Berühmtheit. Bei ihrem Tod im Jahr 1969 hinterließ sie ein Imperium, Dorothy Draper & Co., die älteste Firma für Interior Design in Amerika.

Geboren 1889 in eine der angesehensten amerikanischen Familien, den Tuckerman (Draper war der Name ihres Mannes), scheint sie, allein durch ihr Aussehen, für eine große Zukunft bestimmt. Sie ist nicht nur schön, sondern auch außergewöhnlich hoch gewachsen. Ein Meter neunzig Persönlichkeit und Eleganz. Es ist unmöglich, sie zu übersehen. Vielleicht wird sie darum niemals Wohnungen ausstatten. Sie braucht die großen Herausforderungen: Hotels, Resorts, Wohnhäuser. Sie richtet Speisesäle für fünfhundert Personen ein, bestellt kilometerweise Stoffe. Eine Art Napoleon der Inneneinrichtung. Bietet man ihr Aufträge für Privatwohnungen an, lautet ihr einziger Kommentar: »Zu klein.«

Sie hat fast nichts gelernt, denn in der Schule war sie eine Katastrophe, aber davon lässt sie sich nicht einschüchtern: »Ich lese nicht«, sagt sie, »ich denke.« Als sie 1912 nach New York zieht, versetzt sie ein ganzes Viertel in Aufruhr, weil sie ihr neues Haus von oben bis unten umbauen lässt. Die Küche kommt in den ersten Stock statt ins Erdgeschoss, das Arbeitszimmer ins Parterre, der Garten auf hängende Terrassen, und statt des Gartens liegt jetzt das Esszimmer an der Rückseite des Hauses: Upside-Down House, das umgedrehte Haus, taufen es die Journalisten, die in Scharen kommen, um es zu fotografieren.

Ihr Motto hat sie schon gefunden: »Wenn etwas richtig aussieht, ist es richtig.« Für ihre erste Auftragsarbeit, die Lobby des Carlyle-Hotels in New York, entwirft sie einen von der römischen Antike inspirierten Rausch aus Reiterstatuen und Satinkaskaden. Aber das ist erst der Anfang. Bei der Renovierung eines Wohnhauses in Sutton Place lässt sie die Wohnungstüren in Rot, Grün, Gelb und Kobaltblau streichen, pflanzt Flieder und Obstbäume in die Gärten und drapiert weiße Stoffbahnen um die Feuerleitern. Sutton Place, bis dahin eine ganz gewöhnliche Adresse, wird in wenigen Wochen trendy – alle wollen dort wohnen. Auch Dorothy Draper mietet in dem Haus ein Apartment, das sofort von *Vogue* und *Harper's Bazaar* fotografiert wird – ein

Traum aus Blau- und Rottönen, und neben dem Eingang hängt ein bunter Kimono an der Wand, den sie ihr »Diplom« nennt.

Der große Ruhm kommt mit dem Hampshire House, einem riesigen baufälligen Hotel am Central Park. Die Idee für den Umbau, erzählt sie später, sei ihr während einer Massage in einem Schönheitssalon gekommen: ein Hotel wie ein Privathaus, aber das eines Sultans. Zimmer, wo das Bett versteckt wird, damit sie noch mehr wie Privatwohnungen wirken. Überall leuchtende Farben. Bis jetzt gab es in der Hotelwelt nur zwei Farbtöne, Braun und Schwarz. Sie bedient sich aus der ganzen Palette: Koralle, Türkis, Rosa, Smaragdgrün und immer wieder Rosa.

Schon bald reißt sich alles um sie. Sie schreibt ein Buch, *Decorating is Fun*, das sofort ein Bestseller wird, sie hat eine eigene Radiosendung und eine Zeitungskolumne: *Ask Dorothy Draper*. Kein großer öffentlicher Raum in Amerika, der nicht auf der Warteliste stünde, um »draperisiert« zu werden. Im Essex House in New York kreiert sie ein Gartenrestaurant mit Säulen, die aussehen wie Bäume und in eine himmelblaue Saaldecke ragen; für das Drake Hotel in Chicago entwirft sie eine Blumenlounge, das Camellia House, die zum Lieblingshintergrund für Modefotografen wird. Als man sie bittet, ein Krankenhaus in Illinois umzugestalten, legt sie sich dort vier Tage lang ins Bett, um Ideen zu sammeln, während eine Sekretärin neben ihr sitzt und Notizen macht. Für die Einrichtung des luxuriösen Spa von

Arrowhead Springs in Kalifornien erfindet sie ein kari-
bisches Paradies mitten in der Wüste und veranstaltet
ein Einweihungsfest, das Epoche macht: Die Marx Brothers nehmen, als Handwerker verkleidet, ein Zimmer
auseinander, und auf einer erhöhten Tanzfläche tanzen
die versammelten Hollywoodstars.

Die Zeitungen versuchen, ihren unbeschreiblichen
Stil zu definieren. Modernes Barock, sagt einer, »Living
Large« schlagen andere vor. Fest steht, dass Dorothy
Draper Blumen liebt – vor allem Rosen, gewaltige, ex-
plodierende Rosen, auf erlesenen Chintz gedruckt, werden ihr Markenzeichen – und dass sie gerne die unterschiedlichsten Stilrichtungen kombiniert. Sie hängt
historische Gemälde neben chinesische Lackarbeiten,
sie übermalt Möbel aus dunklem Holz, die sie hasst, mit
weißer Farbe, sogar vor Antiquitäten macht sie nicht
halt. »Nur unsichere Menschen haben Sammlungen«,
erklärt sie. Ihr ist nichts heilig. Wenn etwas nicht zu
ihren Farben passt, wird es entfernt. Sie legt sich mit
dem Vorstand eines Bahnhofs an, weil die Züge farblich
nicht auf ein von ihr gestaltetes Hotel in der Nähe abge-
stimmt sind. Sie zwingt einen Farmer, Kühe einer anderen Rasse auf seinen Weiden zu halten, damit die Tiere
mit dem Farbton ihres neuen Landhausresorts harmo-
nieren. Manchmal trifft sie auf ebenbürtige Gegner, wie
Mrs. Winston Guest, eine ihrer wenigen Privatkun-
dinnen. Als sie hört, wie Dorothy ihre Mitarbeiter an-
weist, die wertvollen Braque-Gemälde der Sammlung
Guest mit Rot zu umranden, ruft sie ihren Butler und

sagt: »Schaffen Sie mir diese Frau vom Hals.« Die erbit-
tertsten Kämpfe ficht Dorothy wegen eines Hotels aus,
das eine ihrer besten Arbeiten sein wird, das Green-
brier in Virginia, ein Monument im historischen Süd-
staatenstil, das sie von Kopf bis Fuß umkrempelt. Mit
allen gibt es Streit, sogar mit den Butlern, die aus Pro-
test gegen ihre neuen Livreen in Streik treten. Sie gewinnt, nicht zuletzt, weil sie die neuen Eigentümer auf
ihrer Seite hat, den reichen Texaner Robert Young und
seine ehrgeizige Ehefrau, Anita O'Keeffe, eine Schwester der berühmten Malerin.

Dorothy arbeitet liebend gerne für Tycoons: In Stilfragen sind sie unsicher genug, um sich herumkomman-
dieren zu lassen, und sie sind reich genug, um ihr völlig
freie Hand bei den Ausgaben zu lassen. Dorothy Draper zu engagieren bedeutet, sich einen ganzen Hofstaat
ins Haus zu holen. Ohne einen wenigstens zehnköp-
figen Mitarbeiterstab setzt sie sich nicht in Bewegung.
Sie verdient ein Vermögen, aber sie gibt es auch mit beiden Händen aus. »Zehntausend Dollar im Monat allein
für die frischen Blumen in ihrem Büro«, erinnert sich
einer ihrer Angestellten. Sie fertigt nur Einzelstücke,
lässt die Sachen dutzendmal neu herstellen, bis sie perfekt sind, und zahlt ihren Handwerkern immer das
Doppelte des üblichen Lohns. Sie ist nicht Innenausstatterin geworden, um reich zu werden, sondern um
das zu erschaffen, was ihr gefällt. Es ist unbegreiflich,
sagen ihre Mitarbeiter, wie sie sich so lange hat halten
können.

Auf jeden Fall hat sie rechtzeitig erkannt, dass eine Epoche zu Ende ging. Als in den Fünfzigerjahren die Architekten auf den Plan treten, verkauft sie ihre Firma und zieht sich zurück. Ihre letzte wichtige Arbeit ist die Cafeteria des Metropolitan Museum in New York, die ihr zu Ehren in »Dorotheum« umgetauft wurde. Heute sieht sie wieder ganz anders aus, das Schwimmbecken im Stil von *Tausend und einer Nacht* in der Mitte ist verschwunden, die aprikosenfarbenen Wände sind übermalt. Aber die großen spiralförmigen Kronleuchter und die vollkommene Geometrie des Raumes tragen noch immer ihre Handschrift. Wie ihre Unterschrift: Die leuchtete auf all ihren Verträgen, wie könnte es anders sein, in Karminrot.

Amelia Earhart

1897–1937

Sie war berühmt für ihre tollkühne Flugweise und ihre Fastbruchlandungen. Slaloms zwischen Bäumen zu fliegen und unter Telegrafendrähten hindurchzusausen waren ihre liebsten Kunststücke. Das Funkgerät benutzte sie nur, um Musik zu hören. Es hieß, ihre Flugtechnik sei nicht besonders gut. Mit Sicherheit aber war sie die berühmteste Pilotin der Welt, eine perfekte Verkörperung der amerikanischen Heldin. Als Frau, die alle Ozeane überflogen hat und irgendwo über den Pazifik abgestürzt ist, als sie den größten ihrer zahlreichen Rekorde aufstellen wollte, ist sie für immer zur Legende geworden.

Sie wird 1897 in bescheidene Verhältnissen geboren und verliebt sich schon sehr früh in Flugzeuge. Kalifornien, ihre Heimat, ist dank seines milden Klimas die Geburtsstätte der Fliegerei in Amerika. 1920 machte Amelia ihre ersten Flugversuche. Als Fluglehrerin wünschte sie sich eine Frau, Neta Snook. Amelia denkt schon damals feministisch, in ein Notizheft hat sie die Namen von Frauen geschrieben, die Pioniertaten auf neuen Gebieten geleistet haben.

Sie war eine außergewöhnliche Schülerin, erinnert sich Neta Snook, eine Art »geborene Pilotin«: »Ich hatte nicht viel zu tun. Sie stieg in die Luft und flog. Das ist alles.«

Amelia möchte ein eigenes Flugzeug, aber sie hat nicht genug Geld. Sie arbeitet als Sekretärin, Fotografin und Sozialarbeiterin, ja, sie fährt sogar einen Lastwagen auf Baustellen. Schließlich kauft ihr die Mutter mithilfe einer kleinen Erbschaft zum fünfundzwanzigsten Geburtstag ein Flugzeug. »Hauptsache, sie fährt nicht mehr mit diesen Lastwagen herum und fängt an, sich wie eine Dame zu benehmen«, sagt sie zu ihren Freundinnen, um den ungewöhnlichen Kauf zu rechtfertigen. Das Flugzeug ist ein gebrauchter kleiner Airster. Amelia streicht es knallgelb an und tauft es auf den Namen *Canary*, Kanarienvogel. Immer wenn ihr die Arbeit ein wenig Zeit lässt, fliegt sie. Sie ist schön und hat vor nichts Angst. Innerhalb weniger Monate wird sie die berühmteste Pilotin Kaliforniens.

1928 erhält sie einen Anruf aus New York. Der Verleger George P. Putnam möchte sie kennenlernen. Er sucht ein weibliches Pendant zu Charles Lindbergh, der gerade den Atlantik überflogen hat. Putnam hat Fotos von Amelia gesehen, auf denen die blonde, schlanke Frau dem umjubelten Helden erstaunlich ähnlich sieht, und ihm ist sofort klar, dass sie eine perfekte »Lady Lindy« abgeben wird. Er schlägt ihr vor, wenige Monate nach Lindbergh als erste Frau den Atlantik zu überfliegen.

In größter Heimlichkeit wird der Flug vorbereitet. Amelia Earhart fliegt eine auf den Namen *Friendship* getaufte Fokker. An Bord sind sie zu dritt. Sie, ein weiterer Pilot, Bill Stultz, und der Funker Slim Gordon. Am 17. Juni 1928 starten sie. Während des Starts reißt die Tür des Flugzeugs aus den Angeln, und sie müssen sie mit einem Seil befestigen. Die Bordinstrumente versagen eines nach dem anderen. Nach zwanzig Stunden Flug, der Funk ist schon längst ausgefallen, und sie haben fast keinen Treibstoff mehr, erblicken sie die Küste von Wales. Amelia ist glücklich, aber nicht zufrieden: »Es war eine großartige Erfahrung, aber Bill hat alles allein gemacht. Ich war bloß ein Gepäckstück«, beklagt sie sich im privaten Kreis.

Nach diesem Flug bricht sie zu einer von Putnam organisierten Werbetour auf. Erst London, dann monatelang durch Amerika. Abendessen, Vorträge, Tagungen, Autogrammstunden, ein Buch mit Memoiren. Geschickt vermarktet Putnam ihr Image. Er lanciert Kleidung, Accessoires und sogar eine Zigarettenmarke mit ihrem Namen. Ihm verdankt Amelia, dass sie endlich das tun kann, was sie will: von ihrer Fliegerei leben. Sie kauft ein stärkeres Flugzeug, eine Lockheed Vega, die sie 1929 während eines Wettfliegens über Felsengebirge ausprobiert. Bei dem ausschließlich für weibliche Piloten organisierten Derby stellt sie drei neue Geschwindigkeitsrekorde auf.

Putnam möchte sie heiraten. Amelia hat schon vielen einen Korb gegeben, aber er ist nicht der Mann, der aufgibt. Sechsmal in zwei Jahren bittet er um ihre Hand, schließlich willigt Amelia ein. Sie heiraten 1931. Am

Tag vor der Hochzeit schreibt sie ihm einen Brief: »Ich muss dich um ein grausames Versprechen bitten, nämlich dass du mich gehen lässt, wenn wir nicht innerhalb eines Jahres zusammen glücklich geworden sind. Was mich betrifft, werde ich auf jede erdenkliche Weise mein Bestes tun und dir den Teil von mir geben, den du kennst und zu begehren scheinst.« Von nun an ist ihre Arbeitsgemeinschaft zugleich eine Ehe, allerdings eine etwas ungewöhnliche. Er lebt an der Ostküste, in New York, wo er sein Verlagsimperium leitet und Amelias Image vermarktet, sie an der Westküste in Kalifornien, wo sie abwechselnd ausgedehnte Promotionskampagnen und neue Flüge unternimmt. »Es ist schon so etwas wie Routine«, erklärt sie einem Freund. »Ich stelle einen Rekord auf, und danach halte ich eine Reihe von Vorträgen. Damit verdiene ich meinen Lebensunterhalt. Bis die Zeit kommt, einen neuen Rekord aufzustellen.«

Alles an der Fliegerei interessiert sie. Zivile Linienflüge, zu deren ersten Sponsoren sie gehört. Der Tragschrauber, eine Vorform des Hubschraubers, den sie als erste Frau fliegt, obwohl dieses Experiment sie ziemlich überrascht: »Ich weiß nicht, ob ich ihn geflogen habe oder er mich«, wird sie sagen, als sie aus dem Fluggerät aussteigt. Sie sammelt Rekorde und Bruchlandungen. Bei einem dieser Abstürze trägt ihr Mann, der mit an Bord ist, zahlreiche Knochenbrüche davon und muss im Krankenhaus behandelt werden.

Mit Putnams Unterstützung organisiert sie einen Atlantiküberflug, den sie allein unternehmen will. Wie immer sind die Vorbereitungen geheim. Amelia lässt das Flugzeug so umrüsten, dass sie zusätzliche Reservetanks mit Treibstoff mitnehmen kann, und sie lässt mehr Instrumente einbauen, obwohl sie mit den Apparaturen an Bord nicht besonders gut umgehen kann. Das Funkgerät zum Beispiel benutzt sie beim Fliegen zum Musikhören oder um mit ihrem Mann zu sprechen, doch meistens vergisst sie, ihre Position anzugeben. Am 20. Mai 1932 startet sie. Das Datum – es fällt auf den Jahrestag von Lindberghs Abflug – ist perfekt, das Wetter leider nicht. Kaum ist sie über dem offenen Meer, muss Amelia gegen einen Sturm ankämpfen. Der Höhenmesser funktioniert nicht, später fällt der Geschwindigkeitsanzeiger aus. An der Motorhaube platzt eine Schweißnaht, und aus den Augenwinkeln kann sie sehen, wie Flammen aus dem hinteren Teil des Flugzeugs schlagen. Sie fliegt auf halber Höhe, versucht, niedrig genug zu bleiben, damit die Flügel sich nicht mit Eis bedecken, und gleichzeitig hoch genug, um den Rest der noch funktionierenden Instrumente benutzen zu können. Die Kabine ist voller Rauch, sie könnte das Bewusstsein verlieren. Um bei Kräften zu bleiben und nicht einzuschlafen, trinkt sie Tomatensaft und Hühnerbrühe. Als sie den Reservetank anzapfen will, entdeckt sie, dass er ein Loch hat und seit Stunden Benzin verliert. Sie weiß nicht, wie viel ihr noch bleibt. Gerade noch rechtzeitig erblickt sie die irische Küste und landet auf einer Weide, wo sie die Kühe in Panik versetzt. Sie ist erschöpft, hungrig und schmutzig, aber sie hat der Welt bewiesen, dass sie eine echte Pilotin ist.

1935 wagt sie einen Alleinflug über den Pazifik, von Honolulu bis nach Oakland in Kalifornien. Es wird ein äußerst gefährlicher Flug, fast immer durch Nebel und mit der Befürchtung, der Treibstoff könnte ihr vor dem Ziel ausgehen. Sie ist der nun erste Mensch, der zweimal über den Atlantik geflogen ist, die erste Frau, die diesen Flug allein gemacht hat, die erste Frau, die mit einem Tragschrauber geflogen ist, und die erste Frau, die allein den amerikanischen Kontinent überquert hat. Aber das alles genügt ihr nicht. Schon plant sie eine Erdumkreisung auf Höhe des Äquators nur in Begleitung eines Funkers, was noch niemand – ob Mann oder Frau – je versucht hat. Dieses Mal stammt die Idee von ihr, nicht von Putnam. Die Vorbereitungen für die Expedition dauern fast ein Jahr. Eleanor Roosevelt, schon immer eine große Bewunderin von Amelia, hilft bei der Beschaffung der Überflugrechte und sorgt dafür, dass die Marine ihr Wetterberichte senden wird. Der Funker ist Fred Noonan, ein erfahrener Flieger, allerdings einer mit Alkoholproblem. Amelia beschleicht das Gefühl, dass sie nicht zurückkehren wird, aber sie verdrängt es erfolgreich: »Ich habe immer nur eine Sorge gehabt, ein kleines, wahrscheinlich sehr weibliches Grauen davor, alt zu werden, darum werde ich mich nicht völlig betrogen fühlen, wenn ich nicht zurückkehre«, sagt sie.

Sie starten am 1. Juni 1937 und fliegen gewaltige Teilstrecken: Atlantik, Afrika, Rotes Meer, Pakistan, In-

dien, Singapur, Australien. Bei jedem Zwischenstopp
sind die beiden erschöpfter. Der letzte Abschnitt ist der
schwierigste. Putnam besteht darauf, dass sie am 4. Juli,
dem amerikanischen Nationalfeiertag, ankommen, und
drängt sie trotz der ungünstigen Wetterbedingungen
zum Start. Am 2. Juni fliegen sie um Mitternacht los.
Die Funkverbindung bricht oft ab, und bei den wenigen
Meldungen, die sie an Land schickt, vergisst Amelia
meistens, ihre Position anzugeben. Ein Schiff der amerikanischen Marine, das in den Gewässern vor der Howlandinsel kreuzt, dient als Funkvermittler. Dort können
viele ihrer Signale empfangen werden, aber immer sind
die Botschaften zu kurz, um ihre Position zu ermitteln.
Amelias letzter Funkspruch wird um 20.44 Uhr gehört.
In der Hoffnung, noch eine Antwort zu erhalten, funkt
das Schiff sie unaufhörlich an. Wenige Stunden später
wird Alarm geschlagen. Von nun an gelten Amelia Earhart und ihr Funker Fred Noonan offiziell als im Pazifik verschollen.

Es beginnt die größte Suchaktion in der Geschichte
der amerikanischen Marine. Viertausend Männer, Dutzende Schiffe und Flugzeuge durchkämmen tagelang
einen Abschnitt des Pazifiks, der so groß ist wie ganz
Texas. Am 19. Juli erklären die Behörden die Nachforschungen für abgeschlossen. Um das Verschwinden
Amelia Earharts ranken sich unzählige Gerüchte. Mal
soll sie von den Japanern gefangen genommen worden sein, mal ist sie als Spionin im Auftrag der amerikanischen Armee freiwillig verschwunden. Nur eines

weiß man sicher: dass sie auf einem Flug zwischen Lae in Neuguinea und der amerikanischen Howlandinsel verschwunden ist. »Wenn ich sterben muss«, hatte sie gesagt, »soll es in meinem Flugzeug sein. Und bitte schnell.«

Mary Frances Kennedy Fisher

1908–1992

Sie war die amerikanische Begründerin des »food writing«. Eine raffinierte Erfindung – über Essen zu schreiben, um von anderen Dingen zu sprechen –, die sie berühmt gemacht und in schriftstellerischer Hinsicht benachteiligt hat. Denn sie hätte eine große Literatin werden können, und für einige war sie es: W. H. Auden zum Beispiel bezeichnete sie als die beste amerikanische Prosaautorin des Jahrhunderts. Doch für die Kritiker blieb sie stets eine Gefangene ihrer ursprünglichen Fehlentscheidung: bloß vom Kochen zu schreiben statt von der Liebe oder vom Krieg. Sie konnte darüber nur herzlich lachen: »Meiner Meinung nach sind die drei grundlegenden Bedürfnisse des Menschen – Nahrung, Liebe und Sicherheit – so eng miteinander verbunden, dass sich eines unmöglich ohne das andere denken lässt.«

Tatsächlich geht es in ihren Büchern weniger um das Kochen als um das Leben: um Reisen, Lieben, Begegnungen, Farben und Düfte. Auch um die Lust am Essen natürlich und um Rezepte, aber sie sind wie zufällig hier und dort platziert, »wie Vögel auf einem Baum, wenn sie einen bequemen Ast gefunden haben«, so erklärte sie es. Es sind seltsame, schwer klassifizierbare Bücher, wo

man auf Sätze stößt wie: »Die Auster führt ein schreckliches, aber pulsierendes Leben.« Oder: »Das wohl ge-
heimste Ding auf der Welt, bis man es aufgeschlagen
hat, ist ein Ei.« Es sind Bücher, die davon handeln, wie
man sich in der Küche die Schönheit bewahrt (indem
man zuallererst einen Spiegel an die Wand hängt, wie
sie es in ihrer Küche getan hat) oder wie man mit drei
Orangen melancholische Stimmungen vertreibt (man
schäle sie vorsichtig, forme die Schale zu einer Blume
und lege sie zum Trocknen auf den Heizkörper). Ihre
Bücher erzählen vom sozialen Status des Gemüses,
vom Salz in den Tränen und von der Weisheit unseres
Körpers, die sich auch in Momenten tiefster Verzweiflung als lebendige Kraft erweist: »Sogar in der Todes-
angst und in Schmerz und Leid bleibt der Hunger und
mit dem Hunger das Leben in seiner ganzen Harmonie. Als würden unsere Körper, die weiser sind als wir,
uns gegen unseren Willen und wider besseres Wissen, ermutigen und uns zwingen zu reagieren, also zu
essen.«

Mary Frances Kennedy Fisher weiß, wovon sie
spricht. Sie hat die Harmonie und den Schmerz erfahren, beides in jungen Jahren und beides bis zur
Neige, ohne davor zu fliehen. Sie wurde 1908 in eine
liebenswerte, turbulente Familie geboren, die immer
weiter in Richtung Westen zog – »man hätte sie eine
Hippiefamilie nennen können, wenn der Begriff nicht
erst viele Jahre später erfunden worden wäre« –, und
wächst unbeschwert auf großen Bauernhöfen mit Ge-

müsegärten, Weinbergen und vielen Haustieren heran. Die tiefreligiöse Großmutter »verachtet jede Form des Würzens«, doch zum Glück gibt es Tante Gwen, eine hingebungsvolle Köchin. So füllen sich die langen Kindheitssommer der kleinen Mary mit Gläsern voll gekochter Tomaten, mit hausgemachten Marmeladen, in Öl eingelegtem Gemüse, mit brodelnden Töpfen und Bergen von Früchten, die auf langen Tischen im Freien aufgereiht liegen. »Vieles von meiner Liebe zur Lebenskunst und Esskultur verdanke ich Tante Gwen und ebenso die Gewissheit, dass beides gleichbedeutend ist oder sein sollte«, erinnert sie sich als erwachsene Frau.

Früh entdeckt sie ihre beiden Leidenschaften: Kochen und Schreiben. In der Familie ist sie berühmt für ihre gereimten Bittschriften an die Eltern. Sie hilft ihrem Vater, der eine Lokalzeitung leitet, wenn seine Redakteure im Sommer Ferien machen, und über all dem Fahnenkorrigieren und Bleistiftanspitzen lernt sie spielend die Interpunktion. Was ihrem Leben jedoch die entscheidende Wende gibt, ist der Aufbruch nach Frankreich: »1929 brach die Börse zusammen, ich heiratete und reiste in ein fremdes Land jenseits des Ozeans. Das alles war sehr beeindruckend für mich.« Sie heiratet Al Fisher, einen jungen Mann, der sein Literaturstudium in Dijon beenden will, folgt ihm nach Europa und entdeckt eine ganz andere Welt. Alles an Frankreich begeistert sie: »In diesem Land lernte ich zu lieben, zu essen, zu trinken und ich selbst zu sein statt diejenige, die die anderen in mir sehen wollten.«

Um wirklich rundum glücklich zu sein – »eine Frau, deren Gelüste allesamt gestillt sind« –, fehlt ihr nur noch die perfekte Liebe, ein Mann, mit dem sie ihre Entdeckungen teilen kann. Als sie 1932 den Maler Dillwyn Parrish, genannt Timmy, kennenlernt, weiß sie, dass sie diesen Mann endlich gefunden hat. Auch er ist verheiratet, und anfangs gestaltet sich ihre Beziehung schwierig. 1936 aber können sie erneut zusammen nach Europa übersiedeln und zwei Jahre später heiraten. Sie suchen einen ruhigen Ort, wo er malen und sie schreiben kann, denn sie hat, von Timmy ermutigt, mit der Arbeit an ihrem ersten Buch begonnen. Die Wahl fällt auf ein großes Haus bei Vevey in der Schweiz. Sie kaufen es und fangen sofort an, alles umzubauen. Es soll *ihr* Haus sein, soll ihre beiden Leben umgeben wie eine Muschel. Zum Entsetzen der Nachbarn lassen sie die Wand abreißen, die die Küche vom Wohnzimmer trennt, »damit Musik und Gespräche und Gerüche sich frei von einem Ort zum anderen bewegen können«. Um das Haus legen sie einen großen Garten mit Gemüse und Weinstöcken an. Wie in ihrer Kindheit erntet Mary im Sommer Obst und Gemüse, um dann tagelang in der Küche Vorräte für den Winter einzukochen. Abends setzt sie sich mit Timmy unter die Pergola, und die beiden unterhalten sich bei einem Glas Wein. »Timmy war der einzige Mensch, den ich wirklich kennengelernt habe. Zusammen haben wir beide in der kurzen Zeit, die uns gegeben war, mehr gesprochen als ich in meinem ganzen restlichen Leben.« Unter der Küche

hat sie einen großen Keller ausheben lassen, wo sie ihre
Konserven, lange Zwiebel- und Knoblauchzöpfe, Würz-
kräuter und Wein aufbewahrt. »Wenn ich in den Keller ging und all diese Vorräte sah, wie sie da so üppig
und friedlich auf den Regalen standen, empfand ich ein
großes Glücksgefühl. Es war die Sicherheit, gegen den
Hunger geschützt zu sein, eine archaische, überaus angenehme Empfindung.«

Doch weder die Vorräte noch die Liebe und das
große Haus voller Leben können den Winter fernhal-
ten, der viel zu früh kommt. 1939 erleidet Timmy während eines Ausflugs nach Bern eine Embolie. Die Ärzte
retten ihm das Leben, aber sie müssen ihm ein Bein
amputieren. Es ist der Beginn eines langsamen Mar-
tyriums. Bei Timmy wird eine sehr seltene, unheilbare
Krankheit diagnostiziert, das Bürgersyndrom, an dem
man langsam und qualvoll nach wiederholten Amputa-
tionen stirbt. Mary kann nicht viel tun, um ihm zu helfen, nur an seiner Seite sein: »Ich war verdammt, eine
von Dämonen verfolgte Frau, gezwungen, der großen
Liebe meines Lebens beim Sterben zuzusehen.«

1940 verkaufen sie das Haus in Vevey und gehen in
der Hoffnung auf bessere Behandlungsmethoden nach
Kalifornien zurück. Aber Timmy ist wie verrückt vor
Schmerzen, und knapp ein Jahr später nimmt er sich
das Leben, nachdem er den Schritt lange mit Mary be-
sprochen hat. Sie steht ihm bis zum letzten Moment zur
Seite. Seine Asche begräbt sie in ihrem Garten: »Es ist
geschehen, und ich konnte nichts tun. Was ich bekom-

men und was ich gegeben habe, übersteigt jede Vorstellungskraft. Timmy hat mich so viel gelehrt. Vor allem hat er mich lieben gelehrt, denn er wusste, dass uns nur wenig Zeit gewährt war.«

Die einzige Zuflucht ist das Schreiben. Sie schließt das Buch ab, das sie begonnen hatte, um Timmy von seiner Krankheit abzulenken, jenes *Consider the Oyster*, durch das sie berühmt wird. Und dann schreibt sie weiter. Ein Buch pro Jahr und das jahrelang. Außerdem arbeitet sie für Zeitungen. 1943 geht sie nach Hollywood, um ihr Glück als Drehbuchautorin zu versuchen. Von dieser Dienstreise bringt sie eine Tochter mit, Anne, geboren 1943. Über den Vater wird sie nie etwas sagen, nicht einmal ihren engsten Freunden, und für die Allgemeinheit wird die Kleine offiziell immer nur eine Adoptivtochter sein. Nur einmal schreibt sie in einem Brief: »Dieses Kind ist in jeder Hinsicht das Richtige. Jetzt erscheint mir mein Leben wieder reich, erfüllt mit Sinn und Wärme. Ich bin so lange draußen in der Kälte gewesen ...« Abgesehen von Anne und wenigen guten Freunden, darunter die Marx Brothers, hat sie keine guten Erinnerungen an Hollywood. Sie schreibt Gags für Bob Hope und Bing Crosby, doch ihr Humor ist zu feinsinnig, um im Kino zu wirken. Und sie ist einfach zu gut, um glaubwürdig zu erscheinen. Was sie schreibt, liest sie nie noch einmal durch. Sie denkt in fertigen Sätzen, in ganzen Abschnitten. Bei einem Interview erinnert sie sich an folgende Episode: »Ein Produzent sagte zu mir: ›Ich will einen Dreiminutengag.‹ Ich ging in mein Büro, diktierte ihn der Sekretärin und ließ ihn dem Produzenten bringen. Er las ihn und platzte los: Das ist unmöglich, das hat sie abgeschrieben, keiner kann so etwas in derart kurzer Zeit schreiben. Und er lehnte ab.«

Als der Krieg zu Ende ist, zieht sie mit ihrer Tochter nach New York um, erhört das Werben ihres neuen Verlegers Donald Friede und heiratet ihn nach nur zwei Wochen. Die beiden bekommen eine zweite Tochter, Kennedy, aber ihre Verbindung hält nicht lange. »Ich war seine fünfte Frau, es war eine kurze und dumme, aber heitere Ehe«, resümiert sie in einem Interview. Von nun an zieht sie ihre beiden Töchter allein groß, während sie mit der Regelmäßigkeit eines Metronoms zwischen Südfrankreich und Kalifornien pendelt. Im Napa Valley hat sie sich eine kleine Ranch gebaut. Sie schreibt immer noch sehr viel, obwohl sie mittlerweile so berühmt ist, dass sie aufhören und von ihren Tantiemen leben könnte. »Wenn ich nicht arbeiten kann, lese ich, wenn ich nicht lesen kann, koche ich« – so beschreibt sie Journalisten, die sie interviewen kommen, ihren Tagesablauf. Und allen gegenüber verteidigt sie ihre Entscheidung, dass sie weiterhin vom Leben nur sprechen will, indem sie über das Essen schreibt: »Wenn wir das Brot brechen und Wein trinken, entsteht eine Gemeinschaft, die mehr ist als die Gemeinschaft der Körper.«

Ihr Älterwerden beobachtet sie aufmerksam, um auch diese Prüfung gut zu bestehen. Sie widmet dem Thema ein Buch, *Sister Age*: »Ich glaube, man muss

diese Zeit willkommen heißen. Ich heiße sie willkommen wie eine Schwester.« Für alles, was sie tut, nimmt
sie sich viel Zeit und Ruhe: »Ich wähle ein Rezept aus,
doch ich warte, bis ich es koche. Ich bereite alle Zu-
taten vor, dann lege ich mich ins Bett, unter die Decke.
Dabei verliere ich keine Zeit. Ich warte. Ich warte darauf, an einen anderen Ort zu gehen, was in meinem
Alter sterben heißt. Ich frage mich, wie ich das auf die
bestmögliche Weise tun kann. Ich muss noch warten,
bis ich es gelernt habe.« Sie stirbt im Jahr 1992, mit acht-
undachtzig Jahren.

Slim Keith

1916–1990

Sie hieß Nancy Gross, aber alle nannten sie Slim, weil sie hochgewachsen und gertenschlank war. Hemingway, der sie vergötterte und nichts unternahm, um sie vor seinen vielen Ehefrauen zu verstecken, gab auf sie acht, wenn sie in seinem Pool schwamm: »Du bist so dünn, Miss Slimsky, dass du nicht zu tief tauchen darfst, sonst rutscht du durch die Filter und landest im Ozean«, sagte er. Yul Brunner erlaubte nur ihr, ihm den Kopf zu scheren. Clark Gable wollte sie ihrem zweiten Ehemann ausspannen. Truman Capote schenkte ihr immer wieder Lipgloss, damit sie »even more kissable« sei. Und Gary Cooper willigte gerne ein, sie bei ihrer ersten Hochzeit anstelle ihres Vaters zum Traualtar zu führen (»Ich hatte panische Angst. Gary, wie immer ganz Gentleman, sagte zu mir: Die Musik hat begonnen, Slim, die Gäste warten, und der Zug ist abgefahren, also lass uns losgehen.«)

1916 in Kalifornien geboren, wo gerade das Kino entdeckt wurde, war Slim ihr ganzes Leben lang die richtige Frau an der richtigen Stelle. Obwohl sie schön, geistreich und elegant war (1946 wird sie offiziell zur »Best Dressed Woman in the World« gekrönt), wollte sie niemals zum Film, und genau das wurde ihre Trumpf-

karte. Denn es war dieser Entschluss, durch den sie sich
von all den anderen – unzähligen – schönen Frauen in
Hollywood unterschied. Mit dieser Weigerung hat sie
viele Männer angezogen, auf jeden Fall ihre ersten beiden Ehemänner, den Regisseur Howard Hawks und
den Filmagenten Leland Hayward.

Ihre Kindheit ist geprägt von einer liebenswerten
Mutter und einem furchteinflößenden Vater, der als
Fabrikant von Fischkonserven reich wurde. Seine beiden Töchter Nancy und Dorothea sind ihm völlig egal,
der Einzige, der für ihn zählt, ist Buddy, sein Sohn und
Erbe. Doch als Nancy elf Jahre alt ist, stirbt Buddy bei
einem schrecklichen Unglück. Wie jeden Abend hört
er mit seinen Schwestern im Wohnzimmer dem Gute-
nachtmärchen zu, das seine Mutter den Kindern vorliest, doch plötzlich kommt er dem Kamin zu nahe, und
das Feuer greift auf sein Nachthemd aus Kunststoff über.
Weder die Mutter noch die Schwestern können ihn aufhalten, als er in Flammen stehend wie verrückt durchs
Haus rennt. Er stirbt wenige Stunden später, ohne das
Bewusstsein wiedererlangt zu haben. Ihr ganzes Leben
lang leidet Nancy an quälenden Gewissensbissen, weil
es ihr nicht gelungen ist, ihn zu retten. Aber damit nicht
genug. Der Vater gibt der Mutter die Schuld an dem
Unglück und verlässt sie mit der älteren Tochter. Er will
auch Nancy mitnehmen und besucht sie in ihrem Inter-
nat, um ihr zu sagen, dass sie alles haben kann, was sie
will, wenn sie von nun an bei ihm lebt. Denn sie soll ihm
helfen: Er will seine Frau für unfähig erklären lassen,

Kinder aufzuziehen, damit er ihr keine Alimente zahlen muss. Nancy ist zu dem Zeitpunkt noch ein Kind, aber sie bietet ihrem Vater die Stirn: »Ich glaube, das ist nicht richtig«, entgegnet sie. »Wir sind jetzt nur noch zwei, und jeder von euch beiden muss deshalb eine Tochter behalten. Darum bleibe ich bei Mama.«

»Selten geht ein perfektes Image mit einem perfekten Leben einher«, wird sie sagen, wenn sie über ihre schwierige Kindheit spricht. Gelassenheit ist eine ihrer größten Tugenden. Außerdem ihr guter Charakter, ihre Fröhlichkeit und ihr Esprit. Die Heranwachsende entpuppt sich als ein ganz normales Mädchen, das Sport, Kino und Musik liebt. Eine Zeit lang studiert sie Gesang, dann bricht sie ihr Studium ab und wird sich von nun an rühmen, keinen einzigen Tag in ihrem Leben gearbeitet zu haben. Während eines Urlaubs in der kalifornischen Wüste landet sie in einem abgelegenen Hotel, wo sie auf zwei Hollywoodschauspieler trifft, William Powell und Warner Baxter, die sie fortan unter ihre Fittiche nehmen. Powell erfindet den Spitznamen Slim, den sie nicht mehr loswird. Und der ihr die entscheidenden Türen öffnet. Den Rest besorgt ihr natürlicher Charme.

Sie ist noch sehr jung, als sie bereits in das große Schloss von William Hearst und seiner Frau Marion eingeladen wird. Das Paar gibt sagenumwobene Feste in San Simeon, wo den Gästen der Privatzoo und der antike Tempel vorgeführt werden, den sie Stück für Stück aus Griechenland herbeigeschafft haben. Nancy nimmt Unterricht in Stilfragen bei dem Inneneinrichter und Schauspieler Mike Romanoff, der ein falscher russischer Fürst, aber ein echter Freund ist. Sie isst Pasta mit Albert Broccoli, der eines Tages die James-Bond-Filme produzieren wird, vorerst aber noch mit großen Spaghettigelagen für seine Freunde von sich reden macht. Den Regisseur Howard Hawks zu beeindrucken ist ein Kinderspiel für sie. »Silver Fox«, wie er wegen seiner früh ergrauten Haare von allen genannt wird, ist mächtig, attraktiv und berühmt. Hawks kann alle Frauen haben, die er will, es genügt, ihnen eine kleine Rolle in einem Film zu versprechen. Als er Slim zum Tanzen auffordert und ihr die übliche Frage stellt – »Willst du zum Film?« –, sagt sie Nein und wechselt das Thema. Da erkennt er, dass dies die Frau ist, die er gesucht hat.

Howard Hawks ist einundzwanzig Jahre älter als sie und hat drei halbwüchsige Söhne aus seiner Ehe mit Athole Shearer, einer Schwester der bildschönen, verrückten Schauspielerin Norma Shearer, die seit Langem in einer psychiatrischen Anstalt lebt. Doch Slim lässt sich nicht einschüchtern. »Howard war genau die ›Packung‹, die ich haben wollte«, erzählt sie später. »Eine Karriere, ein Haus, vier Autos und eine Jacht, das war das richtige Leben für mich.« 1941 gibt sie ihm ihr Jawort, setzt alles daran, eine – hervorragende – Mutter für seine drei Jungen zu werden, und vergnügt sich damit, an seiner Seite die Welt des Kinos zu entdecken. Auf der Suche nach möglichen Drehbuchvorlagen liest sie Romane, verfolgt alle Arbeiten am Set. Sie begleitet ihren Mann nach Key West, um Hemingway zu überreden, ihnen die Filmrechte an einem seiner Bücher zu überlassen. Der Schriftsteller, der sich gerade von Pauline Pfeiffer scheiden lässt, um Martha Gellhorn zu heiraten, ist auf Anhieb von Slim hingerissen. Vielleicht hat es ihn verzaubert, mit welcher Anmut und Begeisterung sie die beiden Dinge tut, die in seinem Leben am meisten zählen: Jagen und Fischen.

Zwischen den beiden herrscht eine starke erotische Spannung. Slim erinnert sich besonders an einen Abend. Nach einem langen Tag auf See, wo sie fischen waren, trocknet sie ihre Haare vor dem Kaminfeuer, und Hemingway fragt, ob er ihr helfen kann. »Lange kämmte er meine Haare. Dann legte er die Bürste auf den Boden und sagte: ›Das war sehr, sehr schwierig, Slim. Du bist schrecklich aufreizend.‹« Jede Frau würde sich geschmeichelt fühlen, aber Slim ist klug genug, ihre Beziehung diesseits einer gewissen Grenze zu halten. Damit gewinnt sie einen Freund fürs Leben. Seine zahlreichen Ehefrauen sieht sie eine nach der andern vorüberziehen. Nach Martha Gellhorn ist Mary Welsh an der Reihe. Slim ist Gast auf dem Schiff, mit dem sie ihre Hochzeitsreise machen, und die ganze Fahrt über heißt es immer nur: »Geht es Slim gut? Ist Slim auch nicht kalt? Braucht Slim noch ein Kissen?« In schwierigen Momenten ist er immer bei ihr, einmal hätte sie ihn fast umgebracht. Es war ein Jagdunfall, ausgelöst durch ein defektes Gewehr. (»Stell dir vor, Slim, wie berühmt du geworden wärst: die Frau, die Hemingway erschoss«, sagt er nur nach längerem Schweigen.) Als Freund wird er sie nie enttäuschen. Nur ein einziges Mal, erzählt sie, hat Hemingway ein Versprechen nicht gehalten. Er hatte zu ihr gesagt: »Slim, ich verspreche dir etwas. Die letzten Jahre unseres Lebens werden wir beide zusammen verbringen.« Doch 1961 besucht sie ein gemeinsamer Freund, um ihr zu sagen, dass Hemingway sich umgebracht hat.

Slim ist nicht einfach nur schön. Sie hat eine angeborene Eleganz. Ihr Stil ist schon bald in aller Munde. *Harper's Bazaar* feiert ihn mit Fotoreportagen, wo sie in Männerjeans, T-Shirt und Mokassins zu sehen ist. Mit ihrer Größe und ihrer schlanken Figur kann sie sich alles erlauben. Truman Capote, der nichts mehr liebt als den Luxus, zählt sie zu seinen drei »Schwänen«, neben Babe Paley und Gloria Guinness. Die Ehe mit Hawks erweist sich bald als ein Fehler. Zwar vergnügen sie sich noch gemeinsam, und ihr Haus ist immer voller Freunde. Man spielt Krocket mit Tyrone Power und Poker mit Robert Capra, man macht Ferien mit David Niven. Doch hinter der glamourösen Fassade des Starregisseurs ist Hawks ein Bluff: launenhaft, ein Lügner und Frauenheld, vernarrt in Autos und ins Glückspiel. Die Geburt einer Tochter, Kitty, im Jahr 1946 ändert nichts und lässt Slim noch enttäuschter zurück. Sie werden noch viel zusammen unternehmen – zum Beispiel entdecken sie auf dem Cover von *Harper's Bazaar* die blutjunge Lauren Bacall und machen sie zum Star, indem sie ihr für den Film *To Have and Have Not* Slims eigenen Look verordnen –, doch Hawks hat schon seit Langem andere Zerstreuungen für sich entdeckt, und Slim zögert nicht, es ihm nachzutun. Zum Beispiel lässt sie sich von Clark Gable umgarnen, der soeben als Kriegsheld zurückgekehrt ist und überdies als vollendeter Charmeur gilt, obwohl er, wie Slim später bemerkt, »nicht besonders intelligent war«.

1946 lernt sie den Agenten Leland Hayward kennen. Auch seine Ehe mit der Schauspielerin Margaret Sullavan ist unglücklich, und nachdem er die schönsten Frauen Hollywoods, einschließlich Greta Garbo und Katharine Hepburn, gehabt hat, möchte er nun wieder eine Familie gründen. Wie alle Männer ist er von Slims Schönheit und Intelligenz bezaubert und fängt an, ihr ungestüm den Hof zu machen. Sie heiraten 1948 und werden zwanzig sehr glückliche, allerdings nicht immer leichte Jahre zusammen verbringen. Wieder einmal bewährt sich Slim in der Rolle der tadellosen Mutter und sorgt für Lelands drei Söhne, von denen zwei schwer verhaltensgestört sind. Leland Hayward ist der ideale Mann für sie. Ein Liebhaber, ein Freund und Vertrauter. Sie hilft ihm in seiner Agentur, häufig kann sie besonders verwickelte Situationen mit ihrem diplomatischen Geschick lösen. Für ihn steht sie immer im Mittelpunkt. Nachts, wenn Slim unter ihrer schrecklichen Schlaflosigkeit leidet, lässt er sie nicht allein. Er steht auf und backt Brot mit ihr. (»Natürlich bin ich danach eingeschlafen, aber er blieb auf, um die Sache zu Ende zu bringen«, erinnert sie sich) Für alle ist sie Slim, nur für ihn Nancy, vielmehr Nan: »Ich kann dich nicht Slim nennen, weil du das nicht bist«, sagt er. »Slim ist eine Erfindung, allerdings eine geniale.«

1959, als sie sich in ihrer Ehe ganz sicher fühlt – zu sicher vielleicht –, schnappt eine andere ihr Leland weg: die ehrgeizige Pamela Churchill, eine ehemalige Schwiegertochter des englischen Premiers. Slim wird nie versuchen, die Wahrheit zu verschweigen, um nicht das Gesicht zu verlieren: »Ich habe niemals aufgehört, Leland zu lieben. Auch nach seinem Tod habe ich ihn noch geliebt.« Sie siedelt nach London über, um nicht bei jedem Dinner der neuen Mrs. Hayward begegnen zu müssen, und lässt sich von Freunden überreden, Kenneth Keith zu erhören, einen reichen Anwalt, der eine Frau sucht. Für beide ist es eine rein rationale Entscheidung. Sie ist dekorativ, er ist reich, so bekommen beide das, was sie suchten. Sie heiraten 1962. Doch auf Keiths großem Landgut stirbt Slim vor Langeweile. Nachdem sie das Anwesen von oben bis unten neu eingerichtet und den Garten umgestaltet hat, erkennt sie, dass sie flüchten muss, wenn sie am Leben bleiben will. Ihr einziger Trost ist der Butler Mordecai. Slim liebt es, ihn heimlich zum Lachen zu bringen, wenn er bei offiziellen Banketten servieren muss. Oder sich in die Küche zurückzuziehen, um mit ihm und seiner Frau Rosa zu plaudern. Als sie ihrem Mann eines Abends mitteilt, dass sie beschlossen hat zu gehen, gibt es zwischen den beiden nur einen Händedruck, wie zwischen Geschäftspartnern. Doch am Eingangstor des Landguts fällt Slim, in Tränen aufgelöst, dem Butler um den Hals. Sie stirbt viele Jahre später, 1990, in ihrer Heimat.

Dorothea Lange

1895–1965

»Jeden Morgen hängst du dir den Fotoapparat um den Hals, während du in deine Schuhe schlüpfst, und siehe da, schon wird er zu einem Teil deines Körpers... Du zwingst dich dazu, durch unbekannte Straßen zu gehen, vorbei an unbekannten Menschen. Und du fragst dich: ›Was mache ich hier eigentlich?‹« Die Frau, die sich in den Dreißigerjahren diese Frage stellte, war Dorothea Lange. Im verarmten Amerika der Großen Depression, zwischen Tausenden verzweifelter Menschen auf der Flucht, erfand sie die Dokumentarfotografie. Und dies war die Antwort auf ihre Frage: Was sie dort tat, empfand sie einfach als ihre Pflicht. Etwas Schreckliches geschah, und sie musste ein Zeugnis davon geben. Anderthalb Millionen Amerikaner verließen die weiten Ebenen im Landesinneren und suchten ihr Glück in Kalifornien, zermürbt von der Trockenheit, den Sandstürmen und entmutigt wegen des Einsatzes der ersten Traktoren (die in einer Stunde die Arbeit erledigten, für die ein Mann einen ganzen Tag brauchte). Es war die größte Massenauswanderung in der Geschichte der Vereinigten Staaten nach dem Aufbruch in den Westen. Ein Zeitalter ging zu Ende und stürzte Zigtausende unschuldige Menschen ins Elend, während die Reichen in

den Städten nichts davon bemerkten oder zumindest
so taten.

Darum schloss Dorothea Lange 1933 ihr gut ge-
hendes Fotoatelier in San Francisco, wo sie seit Jahren
die Damen der vornehmen Gesellschaft porträtierte,
verstaute ihre Fotoausrüstung in einem alten Ford und
wurde zur Nomadin. Wochenlang fuhr sie den Auswan-
dererströmen hinterher. Sie hörte den Menschen zu,
fotografierte sie. Die Bilder, die sie machte, lösten sofort
im ganzen Land Empörung aus und zwangen Roosevelt dazu, etwas zu unternehmen. Dorothea Lange hat
nicht nur die Geschichte der Fotografie, sondern auch
die ihres Landes so stark beeinflusst, wie kaum ein anderer Künstler es je vermocht hat. Heute sind ihre ein-
drucksvollen Schwarzweißbilder – wunderschöne, aber
von Entbehrung verwüstete Frauengesichter; Männer,
die einst stolze Farmer gewesen waren, Kinder, vom
Hunger wie betäubt; Autos, vollgepackt mit den wenigen geretteten Habseligkeiten: eine Matratze, ein Kes-
sel, eine Ziege in einer Kiste – Klassiker der Geschichte
der Fotografie.

Sie war tüchtig. Von klein auf wollte sie Fotografin
werden. Mit siebzehn, sie ging noch zur Schule, verbrachte sie ihre Abende als Lehrling in einem Fotostu-
dio. Zu Hause hatte sie im Keller eine Dunkelkammer.
Es gefiel ihr, mit den Schalen, den Platten und Säuren
zu hantieren, zu sehen, wie die Bilder langsam auf dem
Papier Gestalt annahmen wie Gespenster. Sie war ein
stilles Mädchen, beobachtete lieber, statt beobachtet zu

werden. Seit einer Kinderlähmung hinkte sie: »Das war vielleicht das Wichtigste, was mir je passiert ist. Es hat mich geformt, geleitet und belehrt, es hat mir geholfen und mich gedemütigt. Alles gleichzeitig.«

1919 eröffnet sie ein auf Porträtfotos spezialisiertes eigenes Atelier. Zwei Jahre später heiratet sie den Maler Maynard Dixon. Sie bekommen zwei Söhne, Daniel und John, aber die Verbindung hält nicht lange. Zuletzt lebt jeder von ihnen in seinem Atelier, die Kinder werden Verwandten und Freunden anvertraut. Dorothea leidet darunter, nicht bei den Kindern sein zu können, aber nicht zu arbeiten fällt ihr genauso schwer. »Noch heute spüre ich den Schmerz von damals, wenn ich darüber spreche. Ich trage diese Erfahrungen in mir, und sie tun mir an derselben Stelle weh wie früher«, sagt sie später. Dann, als wollte sie sich rechtfertigen: »Künstler werden von dem Leben getrieben, das in ihnen tost wie der Ozean, der an die Küsten brandet. Sie sind fast wie Verfolgte.«

1933, dem Jahr, in dem ihre Laufbahn die entscheidende Wende nimmt, ist die Ehe mit Maynard praktisch beendet. Dorothea widmet ihre ganze Zeit der Arbeit im Atelier, doch die großen Veränderungen, die die Depression mit sich bringt, lenken sie fortwährend ab. Die Straßen sind voller Menschen ohne Arbeit. Immer häufiger schaut sie aus dem Fenster, denn genau vor ihrem Atelier wird jeden Tag heiße Suppe an die Hungrigen verteilt. Die Menschenschlangen sind beängstigend. Eines Tages greift sie spontan zur Kamera und

geht hinaus, um zu fotografieren. Sie schießt Dutzende
außergewöhnlicher Bilder. Einige davon – ein Mann
mit gesenktem Kopf, in der Hand die Zinnschüssel mit
der Suppe; ein Bauer, der an der Wand lehnt, den Kopf
zwischen den Händen, neben sich, auf dem Boden, sein
umgekippter Karren – werden in die Annalen der Fotografie eingehen. Sie entdeckt, dass sie fähig ist, in wenigen Sekunden ein ganzes Schicksal einzufangen. Viele
Hundert Aufnahmen entstehen. Sie lässt die Bilder aus-
stellen. Unter den ersten begeisterten Besuchern ist Paul
Taylor, ein Wirtschaftsexperte, der seit Jahren kämpft,
um die Regierung davon zu überzeugen, den Ärmsten
der Armen zu helfen.

Taylor bittet sie um ihre Hilfe. Zu Tausenden strömen völlig mittellose Menschen aus dem übrigen Amerika nach Kalifornien. Davon muss man den Leuten be-
richten, die politische Entscheidungen auf nationaler
Ebene treffen. Er wird Artikel schreiben, sie wird für
die Illustrationen sorgen. Die beiden arbeiten wie besessen, ohne sich zu schonen. Vom Morgengrauen bis
zum Sonnenuntergang sind sie mit Dorotheas altem
Ford unterwegs. Ihre Artikel, vor allem aber die Fotos
von Dorothea Lange, rütteln die Regierenden wach.
Die ersten Hilfsgelder kommen an, die ersten Flüchtlingslager werden errichtet. Dorothea Lange erhält eine
Anstellung als offizielle Fotoberichterstatterin. Paul ist
immer an ihrer Seite. Sie müssen kaum darüber sprechen, sie wissen beide, dass sie den Rest ihres Lebens
zusammenbleiben werden. Beide haben eine Familie

im Hintergrund. Als sie 1935 heiraten, bringt er seine drei halbwüchsigen Kinder in die Ehe, sie ihre beiden Söhne. Alle zusammen leben sie in einem großen Haus bei Berkeley, das Dorothea – »Dictator Dot«, wie die Kinder sie nennen – mit eiserner Hand regiert. Obwohl sie für ihre Arbeit häufig unterwegs sein muss, sorgt sie gewissenhaft für den Haushalt und die Familie. Sie ist eine ausgezeichnete Köchin. Einmal im Jahr, zwischen Halloween und Weihnachten, hört sie zwei Monate lang mit dem Fotografieren auf, um sich ganz den kulinarischen Vorbereitungen für die Familienfeste zu widmen.

Sie reist weiterhin sehr viel. Jetzt, wo sie berühmt ist, hat sie einen Assistenten, Rondal Partridge, der sie herumfährt und ihr hilft: »Ich fuhr zwanzig Meilen in der Stunde, aber sie sagte trotzdem: Fahr langsamer Ron, langsamer. Sie beobachtete die Umgebung, nicht das winzigste Detail entging ihr.« Dorothea Lange ist sehr geduldig. Sie kann warten. Das Auto hält in einem Flüchtlingslager, und sie schaut sich um. Sie lässt es zu, dass die Kinder mit ihren schmutzigen Händen ihre Ausrüstung berühren, der sich zu Hause niemand nähern darf. Sie weiß, dass man erst geben muss, bevor man etwas bekommt. Allen blickt sie mit ihren schönen grauen, aufrichtigen Augen direkt ins Gesicht. Wenn sie leicht hinkend mit den Bauern über das Gelände geht, erkennen die Menschen, dass auch sie gelitten hat, und zeigen sich sofort hilfsbereiter. Erst wenn alle sich miteinander wohlfühlen, beginnt sie zu foto-

grafieren. Sie arbeitet mit einer Rolleiflex und einer Gra-
flex, sperrigen und ein wenig veralteten Kameras. Nach
jeder Aufnahme muss sie einen neuen Film einlegen.
Andere Fotografen benutzen längst die kleineren, prak-
tischeren Fünfunddreißig-Millimeter-Kameras, doch an
Schnelligkeit ist sie nicht interessiert. »Dorothea glaubte
wirklich, dass man jemandem, den man auf aggressive
Weise fotografiert, die Seele raubt«, erinnert sich Rondal Partridge.

Sie hat die allergrößte Achtung vor ihren Motiven.
Ihr Stolz ist, dass sie keinen Menschen je gegen seinen Willen fotografiert hat. Von so viel Feingefühl beeindruckt, erlauben die Flüchtlinge ihr, elende Zustände
zu fotografieren, die sie vor anderen verbergen würden.
Die Hütten aus Lumpen. Die kranken Kinder. Eines
Tages lädt eine Familie sie und Rondal zu Thanksgiving
ein. »Jedes Kind hatte einen von der Mutter gebackenen
Zwieback auf dem Teller. Darüber wurde ein Löffel weißer Soße gegossen – sie bestand nur aus Mehl, Speck
und Wasser«, erinnert sich Rondal. »Dann beugten alle
den Kopf und sprachen das Gebet: ›Gott, wir danken
dir für diese Speise.‹ Diese Menschen zu sehen, die für
so wenig dankbar waren, brach uns das Herz. Wir gingen, ohne auch nur ein Foto zu machen.«

Als der Zweite Weltkrieg ausbricht, teilt die Regierung Dorothea Lange mit, ihre Arbeit sei beendet. Es
gibt keine Gelder mehr, jetzt fließt alles in die Kriegs-
kassen. Doch sie hört nicht auf, sondern stößt auf eine
neue Tragödie, die sie dokumentieren muss: die mas-

senhafte Deportation von Amerikanern japanischer Herkunft. Nach Pearl Harbor herrscht Hysterie im Land. Roosevelt ordnet an, dass alle Bürger japanischer Abstammung verhaftet und in Gefangenenlager in die Wüste gebracht werden. Es sind hunderttausend Menschen, einige von ihnen leben seit Generationen in den USA. Jede Familie erhält eine Kennnummer und hat sieben Tage Zeit, um ihr ganzes Eigentum zu verkaufen und die Koffer zu packen. Dorothea Lange verfolgt alle Operationen, wochenlang lebt sie in den Gefangenenlagern. Sie bewundert die stille Würde dieser amerikanischen Staatsbürger, denen plötzlich alles genommen wurde. Vierzig Jahre später wird die Regierung sich entschuldigen und die Überlebenden finanziell entschädigen. Doch die Fotos von Dorothea Lange bleiben für immer ein erschütterndes Zeugnis dieser Zeit.

Auf die Dauer schaden die ständigen strapaziösen Reisen ihrer Gesundheit. Dorothea leidet unter heftigen Bauchschmerzen. 1945 muss sie zum ersten Mal operiert werden. 1963 folgt dann die Diagnose, ein unwiderrufliches Todesurteil: Speiseröhrenkrebs. Sie zieht sich ins Privatleben zurück. Sogar als das MoMa in New York die erste große Ausstellung ihres Werks veranstaltet, bleibt sie zu Hause und fotografiert ihre Enkel. Noch einmal gelingen ihr außergewöhnliche Bilder: ein Mädchen, das im Gras liegt und den Himmel betrachtet; kleine Gestalten im Gegenlicht, die mit einem Hund laufen; eine Kinderhand, die ein paar Muscheln vorzeigt. Als sie begreift, dass das Ende gekommen ist, will sie alle um sich haben. Eine ihrer Schwiegertöchter bringt ihr frische Pinienzweige. Die Söhne halten lange ihre Hände. Später, allein mit Paul in der Nacht, murmelt sie: »Ist es nicht ein Wunder, dass dies alles genau im richtigen Moment kommt?« Sie stirbt am frühen Morgen des 11. Oktober 1965.

Lee Miller

1907–1977

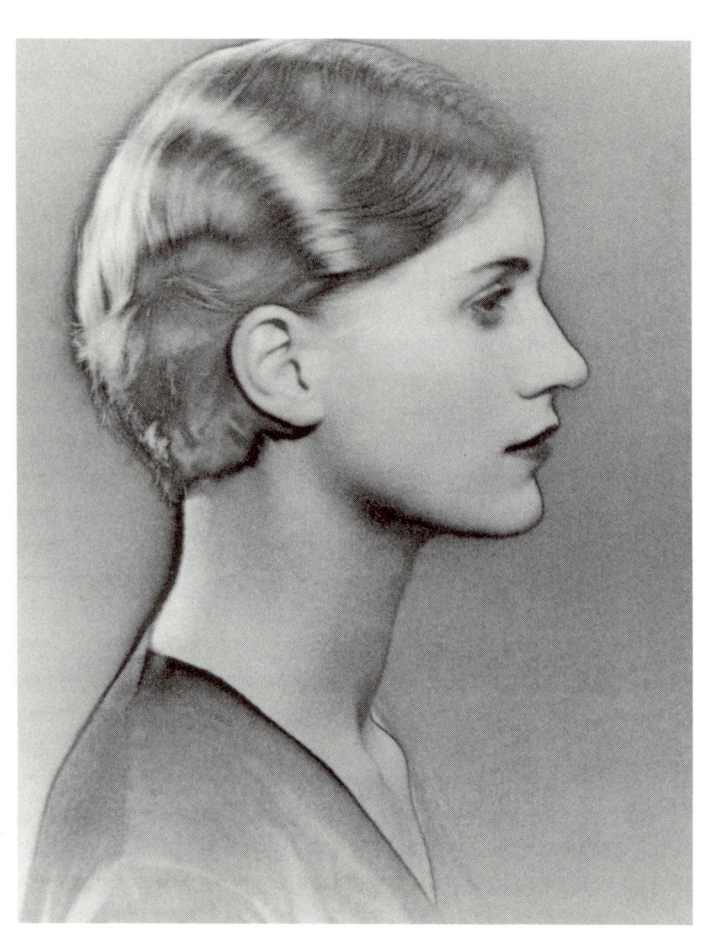

Model, Muse, Fotografin, Kriegsreporterin, Reisende, Meisterköchin. Sie hat so viel Unterschiedliches geleistet, dass ihr Talent oft hinter der Legende verschwand. Vor allem hinter der ihrer Schönheit. Es hieß, sie habe den entzückendsten Busen von Paris, und Man Ray hat in einem berühmten Foto den Beweis dafür hinterlassen. Ebenfalls dank Man Ray schweben ihre Lippen für immer am Himmel des Gemäldes *Observatory Time – The Lovers*. Da fällt es kaum ins Gewicht, dass Alkohol und Depressionen diese Schönheit rasch zerstörten. Ihr Gesicht bleibt eine der strahlendsten Erscheinungen in der Welt der Mode und Kunst zwischen den beiden Weltkriegen. Sie betörte die Menschen. Edward Steichen hat sie als Fotomodell entdeckt. Man Ray hat sie wie besessen porträtiert, sie regelrecht in Stücke gerissen, im vergeblichen Versuch, sie zu besitzen. Pablo Picasso hat sie in der Reihe seiner *Arlésienne* verewigt, Jean Cocteau hat sie für einen seiner Filme in eine Statue verwandelt.

Jeder versuchte auf seine Weise, sich ihrer zu bemächtigen – bis sie beschloss, sich ihrerseits der Wirklichkeit zu bemächtigen. Erst war es die unbeschwerte Wirklichkeit der Porträts und Modefotografie, dann die bitterernste der Kriegsreportagen. »Alles an ihr war brillant: ihr Geist, ihre Fantasie, ihre Kunst als Fotografin und ihre herrlichen blonden Haare«, sagte der amerikanische Galerist Julien Levy, einer ihrer Geliebten. Eine lichte Aura umgab sie, aber es war ein manchmal dämonisches Licht, und die harmonischen Linien ihres Gesichts und ihres Körpers ließen vergessen, wie unglücklich, ruhelos und anstrengend sie sein konnte. Immer in Bewegung, weil nirgendwo wirklich aufgehoben, in sich ruhend. »Ein ungebundener, amerikanischer Geist, eingeschlossen im Körper einer griechischen Göttin«, hat man über sie gesagt.

Den amerikanischen Geist hat sie vom Vater. Theodore Miller – deutsche Vorfahren und ein eiserner Wille, mit dem er es per Fernstudium zum Ingenieur brachte und sich eine glänzende Karriere in der Industrie aufbaute – ist zäh, wissbegierig, unkonventionell und brennend an allen Neuheiten interessiert. Jeden Tag hören ihn die Nachbarn an den merkwürdigsten Erfindungen herumbasteln. Und wundern sich nicht, als sie ihn Hals über Kopf den verschneiten Hügel hinterm Haus hinunterrasen sehen, an den Füßen die ersten Skier aus Holz. Er hat sie nach einem Modell gebaut, das er in Schweden gesehen hat. Elizabeth, erst Li Li und später Lee genannt, wird 1907 als einziges Mädchen zwischen zwei Brüdern geboren und bleibt immer sein Lieblingskind. Eine der zahlreichen Leidenschaften von Theodore Miller ist die Fotografie. Schon in Lees ersten Lebensjahren macht er Nacktfotos von ihr, die ein bemerkenswertes Talent, aber auch eine starke inzestuöse Komponente offenbaren. Noch als erwachsene Frau wird Lee dem Vater Modell stehen. Der schöne Körper dem Blick des Objektivs ausgesetzt, das trügerisch engelsgleiche Gesicht zur Seite gewandt, um ihr klassisches Profil zu betonen, zeigt sie auf allen Fotos den Ausdruck des Menschen, der für immer begriffen hat, wie viel Macht seine Schönheit ausübt.

Lees Kindheit verläuft glücklich und wild, bis sie durch ein furchtbares Ereignis jäh abbricht. Lee ist sieben Jahre alt, man hat sie zu Freunden nach New York geschickt, weil ihre Mutter krank geworden ist. Als die Erwachsenen einmal nicht zu Hause sind, wird sie von einem jungen Mann aus der Familie vergewaltigt. Die Eltern holen sie zurück, sie wird von Ärzten und Psychologen untersucht. Lee ist stark traumatisiert und hat eine schwere Form von Gonorrhö. Damals gab es noch keine Antibiotika, die Krankheit muss täglich mit mehreren sehr schmerzhaften Vaginalduschen und Spülungen behandelt werden. Die Brüder erinnern sich an Lees Schreie aus dem verschlossenen Badezimmer, wo ihre Mutter die morgendliche Behandlung vornahm. Monatelang muss alles, was Lee angefasst hat, sorgfältig sterilisiert werden. Körperlich und seelisch gezeichnet, vergräbt sie die Vergewaltigung im hintersten Winkel ihres Ichs, wo keiner jemals Zutritt haben wird. Erst nach ihrem Tod wird dieses wesentliche Detail ihrer Biografie bekannt.

Sie wird ein unruhiger Teenager. In der Schule kassiert sie fortwährend Verweise wegen schlechten Betragens. Sie möchte vieles sein und fürchtet, gar nichts zu werden. Sie schreibt Gedichte, schauspielert und tanzt. Um sie abzulenken, schickt der Vater sie häufig auf Reisen. Eine dieser Reisen, 1925 nach Paris, entscheidet über ihre Zukunft. Lee verliebt sich sofort in die Stadt: »Ein Blick auf Paris genügte, um zu sagen: ›Es gehört mir, das ist mein Zuhause.‹« Rasch entledigt sie sich ihrer Begleiterin, einer polnischen Adligen, die Französisch unterrichtet, und teilt den Eltern mit, dass sie ein Jahr in Frankreich bleiben will, um Theater zu studieren.

Zurück in Amerika, ist sie wieder am Ausgangspunkt. Aber jetzt weiß sie wenigstens, wohin sie zurückkehren will. Sie beginnt, als Fotomodell für die *Vogue* zu arbeiten, nachdem sie von Condé Nast, dem Gründer der Zeitschrift, in New York auf der Straße bemerkt wird. Eine blonde, sportliche Schönheit wie sie ist genau das, was die Modefotografen damals suchen. Edward Steichen porträtiert sie besonders gerne, denn mit ihr kann er sich über Fotografie unterhalten. Obwohl sie in der Dunkelkammer ihres Vaters groß geworden ist, wird Lee viele Jahre später sagen, dass es Steichen war, der sie auf die Idee gebracht hat, Fotografin zu werden.

Ein paar Jahre lang vergnügt sie sich als Fotomodell. Sie sammelt Partys und Liebschaften. Zufrieden blickt sie in den Spiegel: »Wenn man mich so sah, schien ich ein Engel, aber im Inneren war ich ein Teufel.« Dann bittet sie Steichen, ihr Starthilfe für eine Karriere als Fotografin zu geben. Viele Künstler arbeiten gerade daran, die Fotografie, die inzwischen als die moderne Kunst schlechthin gilt, für immer zu verändern, und sie, das Fotomodell schlechthin, möchte den Anschluss nicht verpassen. Sie weiß, dass sie im Vorteil ist. Auf diese Weise zur Fotografie zu kommen, »durch die Hintertür«, wie sie selbst sagt, unterscheidet sie von den anderen. Steichen erzählt ihr von Man Ray: Er ist der beliebteste amerikanische Fotograf in Europa, vor allem aber lebt er in Paris.

1929 steht Lee mit einem Empfehlungsbrief von Steichen in der Hand vor Man Ray: »Ich erklärte ihm ohne Umschweife, ich sei seine neue Schülerin. Er antwortete, er nehme keine Schüler an, und außerdem sei er im Begriff, in den Urlaub zu fahren. Ich weiß, sagte ich, ich komme mit Ihnen …« Es ist der Beginn einer großen Liebesgeschichte, die drei Jahre dauern und Man Ray das Herz brechen wird.

Er ist siebzehn Jahre älter als sie und hat soeben mit seiner großen Muse Kiki de Montparnasse gebrochen. Wenn er das strahlende Gesicht seiner jungen Schülerin betrachtet, sieht er, wie die ganze Zukunft sich vor ihr entfaltet. Er nimmt sie zu sich und lehrt sie, als Gegenleistung für ihre Anwesenheit, alles, was er weiß. »Er brachte mir bei, wie man Modefotos macht, er brachte mir die Porträtfotografie bei, er zeigte mir alle Techniken, die er kannte«, erinnert sich Lee. Man Ray ist ein hervorragender Fotograf, aber er sieht sich lieber als

Allroundkünstler. Er malt, entwirft Objekte. »Ich fotografiere nicht die Natur, ich fotografiere meine Fantasie«, sagt er. Von Lee wird er jeden Zentimeter fotografieren, als müsse er sich von einer Obsession befreien. Aus jedem erdenklichen Blickwinkel porträtiert er ihren Kopf, den Hals, ein Auge, die Lippen, den Oberkörper, die Beine. Besonders gern nimmt er sie auf, während sie schläft und ihm zu gehören scheint, obwohl er weiß, dass sie nicht lange bleiben wird. »Du bist so jung und so wunderbar und so frei«, schreibt er, »und ich hasse mich, wenn ich versuche, das zu packen, was ich mehr als alles andere an dir bewundere und was bei Frauen so selten ist.«

Eines Tages belichtet Lee aus Versehen die Negative mit den Aktaufnahmen einer berühmten Sängerin. Die Sitzung kann unmöglich wiederholt werden, also beschließen die beiden, die Fotos trotzdem zu entwickeln. Das Ergebnis ist eine eigenartige Umkehrung der weißen und schwarzen Flächen, die einen beeindruckenden Verfremdungseffekt ergibt. Zu Ehren der porträtierten Sängerin Suzy Solidor nennen sie es »Solarisation«, gemeinsam verfeinern sie die Technik. Natürlich ist Lees Körper der erste, der solarisiert wird.

Schon bald zeigt sich, dass Lee Freiräume braucht. Sie eröffnet ihr eigenes Atelier, empfängt die ersten Besucher. Sie reist viel, vor allem nach London, arbeitet für Zeitungen und für den Film. Den Mann, der sie von Man Ray fortbringen wird, hat sie schon gefunden. Er heißt Aziz Eloui Bey, ist zwanzig Jahre älter als sie und ein reicher ägyptischer Geschäftsmann. Während einer Amerikareise stellt sie ihn den Eltern vor. Als die Mutter meint, er scheine ein anständiger Mensch zu sein, bemerkt sie nur: »Umso besser, ich habe ihn nämlich gerade geheiratet.« Sie geht mit ihm nach Ägypten, aber sie wird nicht lange dort bleiben. Nichts an ihrer neuen Heimat gefällt ihr, weder das Klima noch das Essen, noch die Einwohner: »Ägypten, das sind bloß Gräber, Ruinen und einbalsamierte Leichen«, schreibt sie in einem Brief. Einzig die Wüste zieht sie an, dort unternimmt sie leidenschaftlich gerne Expeditionen und macht wunderschöne Fotos, wie das berühmte *Portrait of Space*. Die Expeditionen werden immer länger und abenteuerlicher. Lee will alles ausprobieren: Schlangen beschwören, Wettreiten auf Kamelen, in einem Sandsturm überleben. Denn sie langweilt sich, und bald ringt sie dem Ehemann die Erlaubnis ab, ihre Ferien in Frankreich verbringen zu dürfen.

1939, während einer dieser Urlaubsreisen, trifft sie den Engländer Roland Penrose, einen Maler und Kunstsammler, der gerade versucht, den Surrealismus in London einzuführen. Ihre Lippen hat er schon auf dem berühmten Gemälde von Man Ray gesehen, und ihr leibhaftig zu begegnen bedeutet Liebe auf den ersten Blick. Am nächsten Morgen wachen sie in seinem Bett auf, und Lee kehrt nur noch ins Hotel zurück, um frische Kleidung zu holen. Sie erkennt sofort, dass dies nicht eine ihrer üblichen vorübergehenden Affären ist. Aus Ägypten, wohin sie nach dem Ende der Ferien zurückgekehrt ist, schreibt sie lange Briefe an Penrose, in denen sie über sich selbst nachdenkt: »Als ich geheiratet habe, nachdem ich fünfzehn Jahre lang meine Zeit vertan hatte, habe ich dabei wirklich gedacht: ›bis dass der Tod uns scheidet‹. Ich war überzeugt, ich könnte mich endlich irgendwo niederlassen und mich an jemanden binden. Diese Vorstellung ist in einem einzigen Sommer im Bett zerschmolzen und Du auch, und ich bin zynisch geworden und habe das Vertrauen in jede Art von Verbindung verloren, die ich mir vorstellen kann, auch in meine Liebe zu Dir, auch in die Möglichkeit, mit Dir zu leben und immer bei Dir zu bleiben. Meine ›immer‹ taugen offenbar nicht viel. Dabei liebe ich Dich doch so sehr …« Sie will Aziz nicht verletzen, an dem sie mit tiefer Zuneigung hängt, aber nach drei Jahren Heimlichtuerei erzählt sie ihm schließlich alles. 1939 verlässt sie Ägypten für immer. Aziz begleitet sie zum Hafen, er hat ihr ein kleines Vermögen in Aktien überschrieben.

Lee zieht gerade rechtzeitig nach England, ins Haus von Penrose, um den Ausbruch des Weltkriegs zu erleben und sich ein neues Abenteuer zu erfinden. Für die *Vogue* fotografiert sie London unter dem Bombenhagel, ihr gelingen erstaunliche, surrealistische Bilder, die später in einen Sammelband aufgenommen werden: *Grim Glory*. Sie lernt einen amerikanischen Fotografen kennen, David Scherman, der an die Front gehen will, sobald die Alliierten in Europa landen. Ein paar Jahre lang sind die beiden unzertrennlich: Kollegen, Geliebte und Freunde. Dave Scherman ist viel jünger als sie und arbeitet für *Life*. Er schläft in ihrem Haus, wenn Roland Dienst bei der Luftabwehr tun muss. »Es war eine Ménage à trois, aber Roland war einberufen, also wurde es bald eine Ménage à deux«, erzählt Scherman. Die beiden Männer hegen große Bewunderung füreinander, und die Sache wird mit Stil ausgetragen, obwohl Roland Penrose sich noch Jahre später daran erinnert, wie sehr es ihn störte, Schermans Schlafanzug unter dem Kopfkissen zu finden, wenn er auf Heimaturlaub nach Hause kam. Lee zeigt Dave die Freuden des Lebens, er lehrt sie die Techniken des Bildjournalismus.

Als die Alliierten in der Normandie landen, erhält Lee Miller von der *Vogue* eine Akkreditierung als Kriegsberichterstatterin und fährt mit Dave an die Front. Kurz nach dem D-Day kommt sie in Frankreich an. Ihre Feuertaufe erhält sie zwischen den blutdurchtränkten Tragbahren eines Feldlazaretts in Omaha Beach. Die Gräuel des Krieges verändern Lee. Sie arbeitet tagelang, ohne je auszuruhen, immer hängt ihr der Fotoapparat über der Schulter, immer hat sie ein Notizbuch in der Hand. Sie fotografiert die Verwundeten, die Verbände, die Ärzte. Sie blickt Toten und Sterbenden ins Gesicht.

Sie ist dabei, als Saint-Malo unter schweren Bombardierungen eingenommen wird. Das Grauen ist überall. »Ich habe mich in einen deutschen Unterschlupf geflüchtet. Plötzlich trete ich auf eine abgerissene Hand und verfluche die Deutschen für die abscheuliche, entsetzliche Zerstörung, die sie über diese einst so schöne

Stadt gebracht haben. Ich nehme die Hand, werfe sie auf die andere Straßenseite und laufe, mir den Fuß reibend, dorthin zurück, woher ich gekommen bin. Beim Laufen stoße ich gegen schwankende Säulen aus Stein und rutsche in Blutlachen aus«, schreibt sie in einem Brief. Sie ist nicht mehr wiederzuerkennen. Die schönen Haare sind verdreckt, das schöne Gesicht ist mit Staub bedeckt, sie hat gelernt, Tabak zu kauen und sich mit den GIs zu betrinken. Ein Foto aus dieser Zeit zeigt sie erstaunlich verändert, verunstaltet, auf dem Kopf einen Spezialhelm, mit dem sie fotografieren kann, ohne ihn abzusetzen. »Ein ungemachtes, schmutziges Bett«, wird Scherman sagen. Die Vergangenheit hat sie vergessen. Sie geht ganz und gar im Krieg auf, will alles sehen.

Sie fotografiert die Befreiung von Paris und läuft in Uniform zu Picasso, um von ihm zu hören: »Der erste alliierte Soldat, den ich erblicke, und das bist ausgerechnet du!« Sie fotografiert den Vormarsch der Amerikaner in Deutschland. Sie sieht das zerstörte Aachen, wo überall unbestattete Leichen herumliegen und die Lebenden aussehen wie Gespenster. Sie betritt die Gefängnisse der Gestapo und fotografiert die überlebenden Gefangenen. Einige sind verrückt geworden und können nicht mehr sprechen, andere reden ununterbrochen, wie ein großer, massiger Däne, der andauernd schreit: »Wir werden niemals vergessen!« Sie entwickelt einen schrecklichen Hass auf die Deutschen. Nur das Fotografieren scheint ihr ein wenig Erleichterung zu verschaffen. »Über all dem Zähneknirschen und Knurren und Hassen kriege ich einen ganz üblen Charakter«, schreibt sie an Roland Penrose.

Sie ist die erste Fotografin, die nach Dachau kommt. Wie von Sinnen fotografiert sie stundenlang alles, was sie sieht: die in Blut und Exkrementen liegenden Toten; die Lebenden mit so tiefen Augenhöhlen, dass sie aussehen wie Blinde; die Kapos und SS-Leute, die sich umgebracht haben. Über einen schrieb sie: »Vor den zum Skelett abgemagerten Toten schien dieser wohlgenährte Dreckskerl entsetzlich fett.« Sie fotografiert ohne Distanz zu ihren Gegenständen, jeder Körper wird von Nahem aufgenommen, als wollte sie jedes Gesicht verstehen und den Toten so zum letzten Mal ihre Persönlichkeit zurückgeben. »Sie machte Fotos, die ich nie hätte machen können«, erinnert sich ein Feldarzt.

Vor allem die Überlebenden, die zwischen Leben und Tod schweben, ergreifen sie: »In den wenigen Minuten, die ich brauchte, um Fotos zu machen, wurden zwei Männer tot aufgefunden und kurzerhand aus der Baracke geworfen. Niemand schien darauf zu achten, nur ich.«

Ein paar ihrer Fotos – die sie mit einem Telegramm an die *Vogue* schickt: »Ich flehe euch an, glaubt mir, dass alles wahr ist« – erscheinen in der Zeitschrift, doch der größte Teil ist zu grausam, um der Öffentlichkeit gezeigt zu werden. Lee wird die Fotos in einer Kiste einschließen und niemals mehr über ihre Arbeit in den Vernichtungslagern sprechen, obwohl sie, wie Scherman sagt, »nie aufhörte, an das zu denken, was sie gesehen hatte«.

Erst viele Jahre nach ihrem Tod entdecken ihr Sohn Antony und seine Frau die Fotos – ein wahrer Schatz, sechzigtausend Bilder – und veröffentlichen sie. Es ist der wohl aufregendste Teil ihrer Arbeit als Fotografin.

Im Frühling 1945 ist Lee Miller schon so weit gekommen, dass sie die Begegnung zwischen den alliierten Heeren und den Russen miterlebt. Der Krieg ist zu Ende, aber die Menschen sterben weiter, vor allem im Osten. Sie will das sehen. Es zieht sie immer weiter fort. In Wien fotografiert sie die Kinder, die vor Hunger sterben und weil es in den Krankenhäusern an Medikamenten mangelt. In Ungarn porträtiert sie die letzten Adligen einer untergegangenen Welt. In Rumänien die Zigeuner mit ihren Tanzbären. Mit Kaffee und Alkohol hält sie sich aufrecht, nachts nimmt sie Pillen, um schlafen zu können. Ihre einzige Begleitung ist ein Straßenkätzchen, das sie auf den Namen »Warum« getauft hat und immer unter ihrer Jacke trägt. Von Zeit zu Zeit schreibt sie an Roland Penrose in England (»Ich bitte Dich, Schatz, ich habe Dich nicht vergessen«), aber sie spürt, dass sie nicht aufhören kann. Sie ist »ein Auge« geworden, das immer geöffnet ist, das alles sehen, alles aufnehmen muss. Als das Kätzchen überfahren wird, findet sie es auf der Straße – »mit einem Buckel, wie immer, wenn es den Kämpfer vortäuschte« – und weint ganze Nächte lang um das Tier.

Eines Tages erhält sie einen Brief von Penrose, der wie ein Ultimatum klingt: »Der Pakt, den wir aus tiefstem Herzen miteinander geschlossen haben, bedeu-

tete, dass Du immer deine Freiheit haben solltest. Jede
Stunde mit Dir war eine Stunde höchsten Glücks. Jede
Stunde ohne Dich war nichts als Traurigkeit. Bevor Du
abgereist bist, hast Du mich gefragt, ob ich ein Mädchen habe, das ich so liebe wie Dich. Jetzt habe ich sie.
Sie ist jemand, den Du nicht kennst, und sie ist hier,
sie ist wirklich, kein Phantom.« Lee begreift, dass sie an
einer Endstation angekommen ist.

Zwischen Wut und Depression schwankend, kehrt
sie nach Hause zurück. Von ihrer einstigen strahlenden
Schönheit ist nichts mehr geblieben. Die Haare sind
stumpf, ihr Zahnfleisch blutet unaufhörlich. Sie trinkt
zu viel und ist mit den Nerven am Ende. Mühsam er-
obert sie sich einen Platz in Penroses Leben zurück,
denn er verzichtet nicht auf seine neue Freundin und
auch nicht auf die vielen Geliebten, die noch kommen
werden. Die Nachkriegszeit sieht Lees Stern sinken und
Rolands aufsteigen, er wird einer der angesehensten
Kunstkritiker Europas.

Lee ist ein Schatten ihrer selbst. In Lumpen gekleidet geht sie mit Penrose auf Feste. Es erscheint wie Iro-
nie des Schicksals, als sie 1946, mit neununddreißig Jahren, feststellt, dass sie schwanger ist. Sie nimmt es wie
ein neues Abenteuer, lässt sich von Aziz scheiden, heiratet Penrose und bringt einen Jungen zur Welt, Antony. Am Tag vor der Entbindung macht sie ihr Testament. Dem noch ungeborenen Kind hinterlässt sie all
ihr Geld und verlangt, dass es niemals und unter keinen
Umständen ein Freund der Deutschen sein darf, sonst

wird sie zurückkehren, »um ihn nachts heimzusuchen«. Sie verfügt, dass ihre Fotoapparate an den Bruder Erik gehen, der als junger Mann ihr Assistent war, oder an jemanden, »der wirklich Talent hat«. Dann wendet sie sich an Roland Penrose: »Allen habe ich immer erzählt, dass ich keine einzige Minute vergeudet habe, dass ich mein ganzes Leben genossen habe. Doch jetzt weiß ich, wenn ich es noch einmal leben müsste, würde ich versuchen, freier mit meinen Ideen, meinem Körper und meinen Emotionen umzugehen. Vor allem würde ich versuchen, einen Weg zu finden, um das Schweigen in Gefühlsdingen zu durchbrechen, das mir auferlegt ist. Ich hätte dir zeigen müssen, Roland, wie sehr und wie zärtlich und wie leidenschaftlich ich dich geliebt habe.«

In ihren letzten Lebensjahren findet sie ein wenig Frieden beim Kochen, besonders in der großen Küche des Landhauses, das Roland in Sussex gekauft hat. Sie nimmt an Kochkursen für Profis teil, gewinnt Wettbewerbe, schreibt Fachartikel. Für die Gäste in ihrem Haus bereitet sie große Abendessen zu. Sie kocht mit demselben hohen Anspruch an sich selbst, mit dem sie alles in ihrem Leben gemacht hat. Zu Ehren von Miró und seinen Bildern serviert sie einen blauen Fisch. Spinat wäscht sie in der Waschmaschine, und Himbeeren übergießt sie mit Sherry. Wenn sie am Herd steht, trägt sie eine rosa Klobrille auf dem Kopf, die sei hervorragend geeignet, die Haare vor Fettspritzern zu schützen. Für manche Gerichte betreibt sie monatelange Studien. Freunde erinnern sich, dass sie in den USA

Dutzende alter Bücher aus dem amerikanischen Bür-
gerkrieg durchforsten ließ, um das Rezept einer »Kon-
föderationssuppe« zu erfinden.

Als ein Tumor bei ihr diagnostiziert wird, setzt sie
sich auch damit mutig auseinander. Sie verabschiedet sich von jedem Freund persönlich, spricht lange
mit ihrem Sohn. Am 21.Juli 1977 stirbt sie in Rolands
Armen. Am Tag zuvor hatte ein Freund das letzte
Foto von ihr gemacht. Lee liegt im Bett, aus dem sie
nicht mehr aufstehen kann. Die Haare sind nach hin-
ten gekämmt, ein blauer Foulard um den Hals erinnert
an die Farbe ihrer Augen. Auf ihrem Gesicht erstrahlt
für das Objektiv noch einmal das berühmte rätselhafte
Lächeln.

Josephine Nivison

1883–1968

Als sie sich bei einer Malsitzung »en plein air« in Neuengland kennenlernen, haben beide die vierzig schon überschritten. Von Anfang an wirken sie als Paar denkbar unglaubwürdig. Edward Hopper ist ein baumlanger, schweigsamer Eigenbrötler, penibel bis zur Besessenheit. Josephine Nivison ist eine kleine, übersprudelnd lebhafte Frau, »ein kleines Ausrufezeichen«, wie eine ihrer Lehrerinnen sie genannt hat. Er ist gern allein und redet nur, wenn er gefragt wird (»Mit Eddie zu sprechen ist manchmal, als würde man einen Stein in einen Brunnen werfen. Mit dem einzigen Unterschied, dass man bei ihm nicht mal ein Geräusch hört, wenn der Stein auf den Grund trifft«, sagte Josephine), sie hat zahllose Freunde und führt ein Zigeunerleben in Greenwich Village. Wenn sie gefragt wird, warum sie sich in ihn verliebt hat, sagt Josephine, sie habe hochgewachsene Männer schon immer wahnsinnig anziehend gefunden. Von dem, was Hopper an ihr gefallen haben mag, wissen wir wenig. Eines Tages wird Jo ihn mitten in einem ihrer Kräche zwingen, ihr zu gestehen, warum er sie geheiratet hat: »Sag mir drei Gründe!«, schreit sie ihn an. Lakonisch wie immer antwortet er: »Du hattest Locken. Du konntest Französisch. Und du warst eine Waise.«

Sie hatten dieselbe Schule besucht, die New York School of Art, und beide wollten von ihrer Kunst leben, aber auch das sollte sie entzweien. Edward wurde *der* amerikanische Maler schlechthin, Josephine Nivison wurde vom Ruhm ihres Mannes erdrückt. Ihre Ehe war eine große Liebe und eine einzige große Streiterei, ein Drama mit poetischen Momenten, aber auch Gewalt (Josephine brüstete sich damit, Edward bei einem Streit fast einen Finger abgebissen zu haben). Niemals ermutigt er sie, weiter zu malen, stattdessen verbannt er sie in die Rollen des Modells und der Sekretärin. Sie versucht, die besten Arbeitsbedingungen um ihn herum zu schaffen, da sie seine Manien und Unsicherheiten genau kennt, aber gelegentlich rebelliert sie, weil sie ihre Träume nicht ganz aufgeben will. Dann explodiert das prekäre Gleichgewicht zwischen den beiden in schrecklichen Auseinandersetzungen. Die Gratwanderung, die es bedeutet, eine mit einem Maler verheiratete Malerin zu sein, wird sich für Josephine sogar noch schwieriger erweisen als das Wagnis einer eigenen künstlerischen Laufbahn.

Als sie 1924 heiraten, sind beide noch unbekannt. Edward bestreitet seinen Lebensunterhalt mit Karikaturen für Zeitschriften, Josephine arbeitet als Lehrerin. Sie ist die Erste, der eine echte Chance geboten wird, aber dann läuft es nicht so, wie sie erwartet. Das Brooklyn Museum bietet ihr an, einige Aquarelle in einer Sammelausstellung zu zeigen, und sie schlägt vor, auch ihren Mann in die Gruppe der ausstellenden

Künstler aufzunehmen. Eine großzügige Geste, die sich jedoch gegen sie wendet: Die Kunstkritiker werden auf seine Bilder aufmerksam, ihre übersehen sie. Es ist der Beginn von Edward Hoppers glänzender Karriere. Binnen weniger Jahre erzielen seine Bilder – erst nur Aquarelle, wie Josephine sie malt, dann auch Ölgemälde – beachtliche Preise und werden in den größten Museen des Landes ausgestellt.

Mit dem Geld aus den ersten Verkäufen ersteht Edward ein Auto, einen gebrauchten Dodge, der zum Anlass für unzählige Zwistigkeiten wird. Erst muss Josephine kämpfen, um überhaupt ihren Führerschein machen zu dürfen, und muss Privatstunden nehmen, weil ihr Mann sich weigert, ihr das Fahren beizubringen (»Ein Mann, der schon nicht akzeptieren kann, dass eine Frau malt, kann auch nicht akzeptieren, dass sie Auto fährt«, schreibt er in sein Tagebuch). Dann muss sie mit ihm streiten, wenn sie den Dodge fahren will. Es folgen hitzige, sinnlose, kindische Gefechte: um das Einparken, wegen einer falschen Route, wegen einer zu scharf genommenen Kurve. Immer häufiger wird er regelrecht gewalttätig. Er zerrt Josephine aus dem Wagenfenster und schlägt sie, während sie versucht, in die Garage hineinzufahren. Einmal, erinnert sich ein Freund, sucht er die Stadt nach einem Polizisten ab, damit der ihr einen Strafzettel verpasst.

Doch im Grunde ist zwischen ihnen alles Anlass für Spannungen. Vom Kochen, das Josephine verabscheut (»Eine Suppendose aufzumachen ist schon schrecklich genug«), bis zu ihren Freunden, die er nicht leiden kann (»Bei jedem Gespräch schaut er bloß auf die Uhr. Es ist, als spräche man mit einem teuren Facharzt«). Als sie ein Ferienhaus in Cape Cod kaufen, liegen sie sich wegen jeder Kleinigkeit in den Haaren, vom Garten bis zu den Möbeln. Sie möchte etwas Originelles, ein wenig Bohemehaftes (»Hier haben alle Tische vier Beine«, beklagt sie sich in einem Brief). Er macht sich über ihre Vorlieben in einer Zeichnung lustig, wo sie einen Garten gießt und im Hintergrund ein auf den Kopf gestelltes Haus zu sehen ist. Als die Umbauten fertig sind, gibt es im Haus natürlich nur ein Atelier, und das ist Edwards. Sie muss in der verhassten Küche oder im Schlafzimmer arbeiten: »Aber hier ist das Licht nicht gut«, jammert sie im Tagebuch.

Alles dreht sich um Edwards Arbeit. Auf der Suche nach Landschaften, vor allem Himmelsansichten, fahren sie die ganze Umgebung ab. Wenn es gilt, ein bestimmtes Licht einzufangen, das er seit Tagen sucht, brechen sie zu den ungewöhnlichsten Zeiten auf. Sie malt weiterhin, obwohl sie weiß, dass er nicht einverstanden ist. Ihre Bilder sind völlig unterschiedlich. Sie zieht die vertikale Perspektive vor, er die horizontale. In seiner üblichen ätzenden Art fasst Edward es für einen Freund so zusammen: »Ich habe den Blick eines Vogels, Josephine den eines Wurms.« Die Wahrheit ist, dass er keine Malerin zur Frau haben möchte, und er tut nichts, um sein Missfallen zu verbergen (»Gottlob habe ich lesen und schreiben gelernt, bevor ich ihn hei-

ratete«, schreibt Josephine in ihr Tagebuch). Edward
sieht sie lieber als Motiv auf seinen Bildern. Mit der
Zeit wird Josephine zu seinem einzigen Modell, und die
Innenräume von Häusern und Büros, die Bars und die
Zugabteile auf seinen Bildern bevölkern sich mit ihren
stummen, rätselhaften Doppelgängerinnen. Josephine
spielt das Spiel mit, doch es gefällt ihr nicht, wie er sie
malt: »Ein schwerfälliges, plumpes Wesen, das betrunken wirkt. In Wirklichkeit sieht er mich ganz und gar
nicht so. Es gelingt ihm nur nicht, mich so zu malen,
wie ich bin, dazu ist er nicht fähig.« Josephines Laufbahn als Malerin, die schon unspektakulär begonnen
hatte, ist kurz davor, endgültig zu versanden. Inzwischen spricht sie im Tagebuch von ihren Gemälden als
ihren »kleinen Bastarden«.

Regelmäßig wie Gewitter brechen Zankereien los,
immer aus nichtigen Anlässen. Einer der gefährlichs-
ten Momente ist das Kofferpacken für den Sommer in
Cape Cod. In diesen Tagen wird Edward zu einem wahren Gorilla, schreibt Josephine in ihrem Tagebuch. Er
schleift sie durchs Haus und schlägt ihren Kopf gegen
die Möbel. »Heute dachte ich, er würde mich umbringen«, notiert sie nach einem dieser Gewaltausbrüche.
Sie wird niemals mit jemandem darüber sprechen. Und
in der kurzen Zeit, die sie ihn überlebt, wird sie niemals
dem erlauben, eine Biografie ihres Mannes zu schreiben. In Wahrheit dachte sie eine Zeit lang daran, sie
selbst zu schreiben: »Wer hätte es sonst tun können?«,
sagt sie. »Das ist purer Dostojewski.« Nach ihrem Tod

übernimmt ihr Tagebuch voll bitterer Beobachtungen die Rolle des Anklägers: »Die Zeit, die vergeht, Tropfen für Tropfen unseres Blutes. Auf diesem Feld, das wir beide zusammen gerodet haben, bin ich nun allein und verlassen.«

Manchmal legt sie sich nach einem besonders heftigen Streit ins Bett und tritt in einen langen Hungerstreik. Dann lässt sie, wie es im Tagebuch heißt, das »Gedächtnis einer ganzen Elefantenherde« gegen ihren Mann los. Bei anderen Gelegenheiten kommt es zu einer flüchtigen Harmonie. Zum Beispiel wenn er die Arbeit an einem Bild unterbricht, um mit ihr einen Walzer zu tanzen, den das Radio gerade sendet. Oder wenn sie einträchtig nebeneinander in der wilden Natur von Cape Cod malen, bis der Himmel sich völlig verfinstert. »Das Leben kann so interessant sein, wenn eine Leinwand auf der Staffelei liegt …«, seufzt Josephine im Tagebuch. Manchmal lässt Edward sich sogar dazu herab, für sie zu posieren, während er ihr einen Gedichtband vorliest.

Trotz seines Erfolgs bleibt Edward Hopper ein zutiefst unsicherer, einsamer und schwieriger Mensch. Wenn es ihm nicht gelingt, eine neue Arbeit anzufangen, verfällt er in schreckliche Depressionen. Wagt Josephine, vor ihm eine neue Leinwand aufzuspannen, packt ihn einer seiner Tobsuchtsanfälle. (Wie immer kann sie dem eine positive Seite abgewinnen: »Ich habe entdeckt, wie ich Eddie zum Arbeiten bringe«, schreibt sie im Tagebuch, »es genügt, wenn ich eine neue Lein-

wand auf meine Staffelei stelle.«) Er verbringt die Tage
mit einsamen Streifzügen oder im Kino, auf der Suche
nach Inspiration. Je älter er wird, desto mehr bevölkern
sich seine Bilder mit streitenden Ehepaaren. Er stirbt
1967 ganz plötzlich, zwei Monate vor seinem achtund-
fünfzigsten Geburtstag. Josephine sitzt neben ihm. »Es
geschah in dem großen Sessel im Atelier. Er hat eine
Minute gebraucht, um zu sterben. Kein Leiden, kein
Lärm, seine Augen waren heiter, sogar glücklich und
strahlend im Tod, wie bei El Greco. Er hat nicht auf
mich gewartet«, schreibt sie. Zehn Monate später wird
sie ihm folgen. Freunden gestand sie, dass es ihr unmöglich war, ohne Edward zu leben.

Sister Parish

1910–1994

Sie wurde die First Lady der Innenausstattung genannt, und sieht man sich die Liste ihrer Kunden an – Kennedy, Rockefeller, Getty, Paley, Whitney, Astor, Vanderbilt und Mellon –, versteht man, warum. Sie hat die schönsten Häuser Amerikas eingerichtet, bis zu den Fünfzigerjahren als reizende Autodidaktin, danach als ein Profi, der zum Star geworden war. Ihr Haus, die Nummer 22 in der East 69th Street in New York, an der das Schild mit der Aufschrift »Mrs. Henry Parish II – Interiors« prangte, woraus später »Parish-Hadley« wurde, nachdem sie den jungen Albert Hadley zu ihrem Teilhaber gemacht hatte, war eine obligatorische Adresse für alle Frauen, die in Amerika zählten. Man trat in ein bezauberndes kleines Büro mit Wänden in Apricot und Stapeln prächtiger Bildbände, wo eine Großfamilie unerträglicher Pekinesenhündchen regierte, die die Kunden bissen und auf die Stoffmuster pinkelten. Sie hätte sich trotzdem niemals von ihnen getrennt. »Ich weiß nicht, ob meine Hunde meine Arbeit beeinflusst haben«, sagte sie, »doch eines ist sicher: Niemand hat mich je engagiert, ohne auch meine Hunde zu engagieren.«

Von Sister Parish als Kunde akzeptiert zu werden war ein Privileg, das nur wenige genossen. Bevor sie sich entschied, wollte sie das Haus sehen. Wenn sie es für einen hoffnungslosen Fall hielt, wurde ihr urplötzlich schwach, dann stützte sie sich auf ihren Teilhaber und sagte: »Albert, bring mich bitte nach Hause, ich fühle mich nicht wohl.« Fand es hingegen Gnade vor ihren Augen, kehrte sie am nächsten Tag mit ihrem Hund und einer Tasche voller Musterkataloge zurück.

Sister Parish – den Spitznamen hatten ihr ihre Brüder verliehen – hieß in Wirklichkeit Dorothy May Kinnicutt, doch nach ihrer Hochzeit hatte sie den Namen ihres Mannes angenommen. Sie wurde 1910 in eine jener hoch angesehenen Familien Neuenglands hineingeboren, die mindestens zwei Unterzeichner der Unabhängigkeitserklärung zu ihren Vorfahren zählen und eine Handvoll Häuser zwischen New York, der Küste von Maine und Paris besitzen. Sie war lang aufgeschossen, mager und elegant, keine schöne Frau, aber sie hatte Persönlichkeit genug, um sich deswegen keine Sorgen zu machen. »Nie gab es ein hässlicheres Kind«, erzählte sie. »Als meine Mutter mich zum ersten Mal sah, sagte sie: ›Wir werden sie immer in Braun kleiden, das ist unsere einzige Hoffnung.‹«

In der Erinnerung ihrer Kindheit wimmelt es von schönen Dingen. Die englischen Möbel, die der Vater sammelte, die großen Blumenkörbe, die ihre Mutter zusammenstellte. Denkt sie an die Großmutter, fallen ihr die Zigaretten ein: »Wunderschöne Mundstücke. Die Zigaretten steckten in herrlichen silbernen Behältern, die in allen Zimmern herumstanden.« Eine Kindheit im permanenten Wechsel zwischen den großen Familiensitzen – »Das funktionierte wie ein Uhrwerk. Einen Tag nach dem Labor Day brachen wir immer nach New Jersey auf. Am Montag nach Thanksgiving kehrten wir regelmäßig nach New York zurück. Jeden Dienstag vor Ostern fuhren wir zurück nach New Jersey, und im Sommer, immer am 2. Juli, bestiegen wir die Fähre nach Isleboro in Maine« – und eine Jugend, in der sie mit dem großen Hispano-Suiza voller Geschwister und Nannies, dahinter ein weiteres Auto mit Gepäck, ständig durch Europa reiste, erzogen sie zur Lady. Es war vor allem eine Erziehung in Stilbewusstsein: »Als junges Mädchen habe ich sämtliche Häuser gesehen, die das Anschauen lohnten. Das bildet«, erklärte sie.

Mayfield, das große Anwesen der Familie in New Jersey – englischer Tudorstil in seiner ganzen Pracht, Backstein, viel Holz und große Fenster, mit Kletterrosen und Teapartys unter Ulmen, wo leichte Kuchen und Canapés gereicht wurden, mit dem Badehäuschen am See und den kleinen quadratischen Martinigläsern –, wird für sie immer ein Vorbild bleiben, obwohl sie schon als Kind die elterlichen Entscheidungen bei der Einrichtung nicht immer gutheißt: »Mein Zimmer war das einzige im französischen Stil. Es gab geblümten gelben Chintz und hell gestrichene Möbel … Die Tapete war weiß mit gelben Sternchen, und das Parkett hatte man aus Paris kommen lassen … Als meine Eltern mir stolz und zufrieden das Zimmer vorführten, warf ich mich schluchzend aufs Bett: ›Ihr hattet mir Rosa versprochen!‹«

Nach der Hochzeit mit Henry Parish II, einem Bankier und Sohn von Bankiers, der bis zu seinem Tod wunschlos glücklich in ihrem Schatten leben wird, gründet sie einen Hausstand in New York. Doch es ist das bald danach erworbene Cottage in Far Hills im Staat New Jersey, mit dem sie zum ersten Mal ein Haus ganz nach ihren Vorstellungen erschafft. Sie streicht alle dunklen Mahagonimöbel, die sie zur Hochzeit bekommen hat, weiß an, bezieht Sofas und Stühle mit rosageblümter blauer Baumwolle, hängt Bettlaken an die Fenster – zum Entsetzen ihrer Schwiegermutter, die sie fragt, warum sie nicht wartet, bis die Gardinen kommen – und lässt den Fußboden ihres Schlafzimmers rot – »kirschrot«, präzisiert sie – mit kleinen weißen Diamanten aus Lack anmalen. Der Fußboden im Esszimmer ist mit roten Sternchen dekoriert. Die Bilder werden mit kleinen weißen Schleifen an die Wände gehängt. »Es war das verrückteste Haus in ganz New Jersey. Niemand anders hätte den Mut gehabt, so etwas zu machen, aber sie besaß eben diese unglaubliche Selbstsicherheit«, erinnert sich ein Freund. Es ist die Sicherheit des »old money«, die Souveränität der Menschen, die niemandem etwas beweisen müssen. Gewappnet mit dieser Sicherheit und ihrer Persönlichkeit, folgt Sister Parish ihren Eingebungen, entschärft Kontraste, mixt Stile.

Ihre sonderbaren Experimente bleiben nicht unbemerkt. Die Nachbarn beginnen, sie um Rat zu fragen.

Der Jagdverein von Far Hills bittet sie, die Klubräume umzugestalten. Sie stellt in allen Ecken Sofas auf und füllt sie mit bestickten Kissen, was angesichts der Tatsache, dass es sich um einen reinen Männerklub handelt, ziemlich gewagt ist. Doch keiner traut sich, sie zu kritisieren. Denn sie ist Sister Parish, und jeder sieht, dass ein neuer Stil entstanden ist, der »Parish Look«. Üppig, barock, bunt, weich, voller Kissen, Chintz, drapierter Vorhänge, Farben, Korbmöbel und Blumen. Die Vorgeschichte eines Einrichtungsstils, der jahrzehntelang Mode sein wird und als American Country in die Geschichte eingeht.

Als sie erkennt, dass sie aus ihrem exaltierten Geschmack einen Beruf machen kann, mietet sie ein kleines Geschäft in New Jersey und hängt ein Schild vor die Tür: Mrs. Henry Parish – Interiors. Auch dafür braucht es Mut: Im Jahr 1933 hat noch keine Frau aus ihren Kreisen je gearbeitet. Sie kauft einen Cadillac Seville und belädt ihn mit Musterkatalogen für Stoffe, Farben, Polster und Dekors. Von nun an macht sie Ernst. Sie engagiert einen Chauffeur, Samuel, der genauso dickköpfig und stolz ist wie sie. Einer Kundin, die sich beklagt, weil ihr niemand aus dem Auto hilft, erklärt sie verärgert: »Samuel öffnet niemandem den Wagenschlag!«

Nach dem Krieg, als ganz Amerika wieder von vorn anfangen will und offenbar ausschließlich damit beschäftigt ist, Häuser einzurichten, eröffnet sie einen neuen Firmensitz in New York und trifft auf Jackie Ken-

nedy, die Kundin, die einen Star aus ihr machen wird.
Dasselbe Milieu, dieselben Freunde, der gleiche Geschmack – sie müssen sich einfach mögen, obwohl
ihre Freundschaft nicht lange halten wird, weil beide
zu starke Persönlichkeiten sind, um auf die Dauer miteinander auszukommen. Sister Parish richtet für Jackie,
die damals noch die Ehefrau des Senators Kennedy ist,
das Cottage in Hyannis Port und das Haus in George-
town ein. Es ist also fast unvermeidlich, dass Jackie sie
1961 holt, um das Weiße Haus umzugestalten, das zu
jener Zeit ziemlich scheußlich aussieht und sehr unper-
sönlich wirkt, eine Mischung aus Museum und großem
Hotel.

Dringend herbeigerufen, beginnt Sister Parish beim
Portikus und krempelt das Haus bis zum Dachboden
um. Sie stattet es mit familiärer Atmosphäre in Farben,
Teppichen und Stoffen aus, die, als Hintergrund der
meist fotografierten Familie Amerikas verewigt, um die
Welt gehen werden. Für das Schlafzimmer des Präsi-
denten wählt sie eine blaue Tapete mit Engeln (»Er selbst
hat sie ausgesucht, er brauchte nur drei Minuten dafür
und hat keinen Augenblick gezögert«); Jackies Schlafzimmer bekommt eine sehr helle Farbe. Den zweiten
Stock des Hauses verwandelt sie in eine veritable Pri-
vatwohnung, indem sie aus Eisenhowers ehemaligem
Arbeitszimmer und Margaret Trumans Musikzimmer
eine kleine Küche und ein Speisezimmer macht. Sie
dringt sogar bis zu Kennedys Büro vor, und nachdem
er gleich zu Anfang erklärt hat, das Einzige, worauf er

keinesfalls verzichten werde, sei sein Schaukelstuhl, akzeptiert er alles. Sister Parish begnügt sich damit, den Stuhl mit Tweed zu polstern. Sechs Wochen lang arbeiten sie und Jackie ununterbrochen Seite an Seite. Umgeben von Bergen aus Seidenstoffen, Baumwolldecken und Teppichen, essen sie von Tabletts, während die kleine Caroline sich einen Spaß daraus macht, die beiden zu erschrecken, indem sie nackt durch die Flure läuft. Am Ende ist das Weiße Haus nicht wiederzuerkennen. »Das Oval Office in Gelb war eines der schönsten Zimmer, die ich je gesehen habe«, erinnert sich eine Freundin. »Eine Kombination aus amerikanischem Purismus und französischer Leidenschaftlichkeit, alles dank ein paar leuchtenden Farben«, so bringt es der Dekorateur Keith Irvine auf den Punkt. Jackie lässt ein Gesetz verabschieden, das den Präsidentenfamilien verbietet, sich Einrichtungsgegenstände mitzunehmen, damit kein zukünftiger Bewohner des Weißen Hauses dieses Meisterwerk zerstören kann. Der Triumph der beiden Frauen, der mit einem großen Einweihungsfest gefeiert wird, bedeutet auch das Ende ihrer Zusammenarbeit: »Man hatte mir gesagt, dass es früher oder später Probleme gibt, wenn man lange Zeit eng mit Jackie zusammenarbeitet. Ich habe nicht geglaubt, dass mir das passieren würde, aber es passierte. Eines Tages machte sie mir zum ersten Mal Vorwürfe, weil ich einen in Frankreich gewebten Teppich gekauft hatte, denn sie wollte, dass alles aus den Vereinigten Staaten stammte … Schließlich begriff ich, was der wahre Grund für unsere

Probleme war. Ich erfuhr, dass jemand ihr hinterbracht hatte, ich hätte Caroline mit Fußtritten traktiert, und sie hatte das geglaubt«, erzählt Sister Parish.

Doch mittlerweile stehen die Kunden vor ihrem Büro Schlange. Jeden wählt sie sehr sorgfältig aus. Sie will alles über ihre Kunden wissen, will verstehen, wie sie leben. Gibt es jemanden, der abends bei Tisch serviert? Legt der Kunde beim Lesen die Beine auf einen Stuhl? Haben sie häufig Gäste? Gibt es Kinder oder Hunde im Haus? Gerne wirft sie einen Blick in die Schränke: »An seinen Schränken kannst du den ganzen Charakter eines Menschen erkennen. Sie sind sein geheimes Leben.« Sie erklärt: »Wir sollen nicht nur Ordnung in ihre Einrichtung bringen, wir sollen Ordnung in ihr Leben bringen. Darum interessiere ich mich so sehr für die persönlichen Eigenheiten meiner Kunden.« Wenn sie für jemanden arbeitet, endet es immer damit, dass sie sich mit sämtlichen Familienangelegenheiten befasst, von der richtigen Schule für die Kinder bis zu dem Ort, wo ein Sommerhaus gemietet werden soll. »Sie hat immer versucht, ihre Kunden dazu zu bringen, das Personal zu wechseln. Sie war eine Art Arbeitsvermittlung für Hausangestellte«, erinnert sich einer ihrer Mitarbeiter.

Als Ausstatterin arbeitet sie instinktiv, nicht mit rationaler Überlegung. Ihr Teilhaber erinnert sich, wie erstaunt er war, als er sie zum ersten Mal arbeiten sah: »Es war das Haus von Brooke Astor in Maine. Wir hatten Pläne gemacht … theoretisch wusste ich genau, wie jedes Zimmer aussehen sollte. Das blaue Sofa hier, das rosa Sofa da … Als der Lastwagen mit den Möbeln kam, fing sie an, alles zu verändern. Die blauen Sofas wurden an einen anderen Platz gestellt, auch die rosafarbenen kamen woanders hin. Ich war kurz vor dem Nervenzusammenbruch und dachte: Die Frau ist verrückt. Aber das Ergebnis war traumhaft. Es war egal, wie die Pläne ausgesehen hatten. Was zählte, war das, was passierte, als sie ankam und anfing, die Möbel umzustellen. Alles fand seinen idealen Platz. Ich lief mit dem Maßband hinter ihr her, aber sie sagte: ›Nicht messen.‹ Und tatsächlich brauchte sie keine Maßangaben.«

Wie eine Malerin arbeitet sie mit den Augen. Niemals befällt sie die kleinste Unsicherheit. »Sie kam mit einem riesigen Teller an, den sie morgens in der Stadt gekauft hatte, stellte ihn über dem Kamin ab und erklärte: Der muss hier hin, an die Wand. Und dem konnte man nichts entgegensetzen«, erinnert sich eine Kundin. Wenn die Arbeit sie sehr in Anspruch nimmt, will sie allein sein. Sie schließt sich mit ihren von Stoffen, Kissen und Mustern überquellenden Körben in das Zimmer ein, und wenn sie die Tür wieder öffnet, ist nichts mehr wie vorher. »Es war, als würde man eine Zauberin bei der Arbeit erleben«, erzählt eine andere Kundin.

In ihrem Haus in New York, das vor ihr Gloria Swanson gehört hat, gibt es ein Zimmer mit Wänden in vier unterschiedlichen Rottönen und einen mit mehreren kontrastierenden Stoffen gepolsterten Schaukelstuhl; es gibt safrangelbe Zimmerdecken und korallenrote Vorhänge, üppig wie Wasserfälle – Vorhänge müssen fallen, müssen endlose Kaskaden bilden, sagt sie –; große Körbe voll weißer Narzissen und überall farbige Kerzen. Ihre Zimmer sind vollgestopft mit Gegenständen. Leere Ecken kann sie nicht ausstehen. »Jedes Haus sollte eine Sammlung enthalten, hat sie mir einmal gesagt. Sie hatte eine aus Elfenbeinfiguren, eine aus Staffordshirestatuetten, eine Sammlung amerikanischer Fähnchen, eine Vasensammlung, eine aus Korbmöbeln und eine Sammlung Porzellanfrüchte. Aus jedem Ding, das ihr gefiel, machte sie eine Sammlung«, erinnert sich eine ihrer Enkelinnen.

Wenn sie eine Kundin unter ihre Fittiche nimmt, begleitet sie sie auch in die Geschäfte: Teller und Tabletts bei Pier One, Bettzeug bei Robin Goss, außerdem Körbe, Vogelkäfige, Polster, Decken. Sie liebt es, überraschende Entdeckungen an unvermuteten Orten zu machen. In Alabama sieht sie den Schneidern zu, die Quilts nähen, später wird sie diese Decken zu einer Mode machen. Auf der Suche nach neuen Baumwollstoffen geht sie nach Mexiko und Guatemala. In Irland kauft sie Körbe und Gefäße. Ein Mitarbeiter erinnert sich, dass sie eines Tages aus der Damentoilette eines irischen Pubs herauskam, einen völlig verschmutzten Teppich hinter sich herziehend, der aber außergewöhnliche Farbzusammenstellungen hatte. Vor ihrem geistigen Auge stellte sie diese Teppiche in Amerika bereits im industriellen Maßstab her. Von Korbmöbeln ist sie geradezu besessen. Als sie eines Tages einen Lastwagen

voller Korbmöbel vor ihrem Haus in New Jersey vor-
beifahren sieht, springt sie in das Auto einer Freundin
und rast ihm hinterher, um zu sehen, wohin er fährt.

Sie liebt Gegenstände, die eine Geschichte haben:
»Die interessantesten Dinge, mit denen man in der
Gegenwart zusammenleben kann, sind letzten Endes
immer solche, die wir von der Vergangenheit geerbt
haben.« Vieles mag sie dagegen überhaupt nicht. Die
Farbe Beige zum Beispiel löst regelrechte Nervenkrisen
bei ihr aus. Vor glänzenden Stoffen hat sie einen kör-
perlichen Ekel. Vor allem aber hasst sie das Design, das
nach ihr kommen wird, den Minimalismus der Achtzi-
ger- und Neunzigerjahre. Sie fertigt ihn mit einem einzigen Wort ab: »Knauserigkeit.« Restaurants behagen
ihr nicht, sie findet sie immer zu voll. Der Besitzer eines
der wenigen Restaurants, in denen sie manchmal zu
speisen geruhte, erinnert sich, wie sie hereinkam, erstaunt um sich blickte und ihn fragte: »Wer sind all
diese Leute hier?«

Viele lassen sich von ihr einschüchtern: »Sie konnte
einem eine höllische Angst einjagen, sie war wie ein
Drache mit ihrer rasiermesserscharfen Zunge, ihrer im-
posanten Statur und ihrem beißenden Humor«, sagte
jemand. Sie ist ebenso witzig wie unberechenbar. Zur
Hochzeit eines Freundes, des Dekorateurs Mark Hampton, erscheint sie in einem rosa Kleid und einem irren
Hut aus weißem Organza, einer Art Turban. »Sie liebte
es, solche verrückten Sachen zu tragen, als hätte sie sie
in letzter Minute improvisiert, während alles andere

immer tadellos und sehr klassisch war. Sehr schick. Jedenfalls sagte sie, als sie aus dem Auto stieg: ›Ich habe auf der Fahrt angehalten und mich im Straßengraben umgezogen.‹ So wie ich sie kannte, konnte das durchaus stimmen.« Eine Enkelin erzählt von einem langen Abendessen, bei dem sie sich brennend für das Thema Safer Sex interessierte und sich von ihren Enkeln – sie hatte acht Enkel und vier Urenkel – alles über Kondome erklären ließ, die sie »Kon-dome« ausspricht. Am nächsten Tag ging sie dann in den Laden unten im Haus, zeigte auf die Packung Luftballons, die an der Kasse hingen, und sagte zum Besitzer: »Sag mal, Billy, kann man diese Kon-dome da kaufen?« Eine andere Enkelin erinnert sich, wie sie einmal aufmerksam einer Diskussion über Kokain lauschte, um dann zu bemerken: »Ich habe gehört, es sei wie tausend Orgasmen auf einmal.«

Sie ist launenhaft, verwöhnt und anspruchsvoll. Immer will sie im Mittelpunkt stehen. Von einem Wochenende bei Freunden in Long Island kehrt sie jammernd zurück: »Alle haben mich vergessen, ich habe den ganzen Tag im Bett verbracht, ohne dass jemand mich entdeckt hätte.« Im Haus der Whitneys, wo sie häufig ihre Ferien verbringt, aber ihren Ricky, den derzeitigen Favoriten aus der grässlichen Pekinesenschar, nicht mitbringen darf, weil die Hausherrin ihn nicht ausstehen kann, sagt sie jedes Mal, wenn das Telefon klingelt: »Das wird Ricky sein.« Als sie bei Sarah Ferguson ist, die Sister Parish eingeladen hat, damit sie ihren

Landsitz aufmöbelt, moniert Prinz Andrew, dass sie viel zu viele Badezimmer einrichten will. Sie zuckt nicht mit der Wimper und erwidert ernst: »Mein Badezimmer ist mir *sehr* wichtig.« In ihrem eigenen Haus sind sie riesig, eher Wohnzimmer als Badezimmer, mit Korbmöbeln, Polstern und Stühlen. Wenn Andy Warhol auf ihre Partys kommt, bleibt er den ganzen Abend über im Bad, denn das sei sein Lieblingszimmer, sagt er. Ihre großen Feste sind berühmt. Sie liebt gutes Essen und Alkohol, dem sie mäßig, aber regelmäßig zuspricht. Nach der Arbeit geht sie mit ihren Mitarbeitern einen Jack Daniel's trinken oder auch einen Bourbon, den sie mag, weil er die gleiche Farbe wie Mahagoni hat, sagt sie.

Mit den Jahren übernimmt sie weniger Aufträge, doch sie zieht sich niemals ganz zurück. Sie verbringt lediglich mehr Zeit auf der Insel Isleboro vor der Küste von Maine, dem vertrauten Ferienort ihrer Kindheit. Das große Summer House mit seinen vielen verborgenen Zimmern und Erinnerungen ist ihr Refugium. Ein einziges Mal ringt sie sich dazu durch, es zu vermieten, an den betuchten Freund William Paley, aber sie bereut die Entscheidung sofort. Schon am ersten Abend ruft der Butler bei ihr an, um sich zu beklagen, es gebe keine Dusche, die sein Herr aber unbedingt benötige. Sie besorgt sich eine Gießkanne und einen Schlauch, lässt beides durch das Badezimmerfenster hereinreichen und auf einen Stuhl mitten in der Badewanne abstellen, womit die Sache für sie erledigt ist. Wie alle alteingesessenen Sommerfrischler auf Isleboro nimmt sie jeden Morgen ein Bad im kalten Ozean. Für ihre Besucher ist das ein obligatorischer Initiationsritus, eine Art Prüfung.

Wenn sie gerade nicht schwimmen ist, beschäftigt sie sich mit dem Park, der das Haus umgibt (»Arbeiten konnte man das nicht nennen, was sie im Garten tat«, erinnert sich eine Enkelin. »Sie sagte: ›Steve, Wallace, schiebt diesen Kübel dahin‹, und die beiden verbrachten den ganzen Tag damit, die Blumentöpfe um fünf oder zehn Zentimeter zu verschieben«), oder sie erledigt telefonisch ihre Geschäfte, von der Terrasse aus, wo sie ihren Mitarbeitern in New York dramatische Sätze zuflüstert: »Das darfst du nicht grün streichen, es wäre eine Katastrophe!«

Alle, die ein Haus auf den Inseln des Staates Maine kaufen, werden ihre Freunde, auch die zuletzt hinzugekommenen Hollywoodschauspieler. Kristie Alley tauft ein Boot ihr zu Ehren auf *Sister* um, Parker Stevenson begleitet sie jeden Sonntag in die Kirche (»Nach einer außerordentlich langweiligen Predigt sagte sie zu mir: ›Damit haben wir uns zumindest das Paradies verdient‹«), John Travolta fliegt täglich mit einem kleinen Flugzeug über ihr Haus, um ihr zuzuwinken.

Wenn jemand sie besuchen kommt, erwartet sie ihn an der Anlegestelle der Fähre, die Hosen bis zum Knie aufgerollt und immer perfekt frisiert. Die Glücklicheren dürfen nicht nur mit ihr im Ozean baden, sondern werden auch auf ihr Motorboot eingeladen, mit dem sie wie von Sinnen umherrast. Im Sommer ist das große

Haus voller blonder Kinder, ihre Urenkel mit Freunden. Wer sie nach ihrer Gesundheit fragt, bekommt den Grabstein auf dem kleinen Inselfriedhof neben der Kirche vorgeführt, den sie schon für sich ausgesucht hat. »Sie brachte mich immer wieder dorthin«, erzählt eine Freundin aus Kindertagen. »Sie sagte: ›Marian, ich möchte, dass du dich genau erinnerst, wo ich begraben sein will.‹« »Beharrlichkeit, das ist mein Motto«, pflegte sie den Journalisten zu sagen, die noch in den letzten Tagen vor ihrem Tod im Jahr 1994 auf die Insel kamen, um sie zu interviewen.

Dorothy Parker

1893–1967

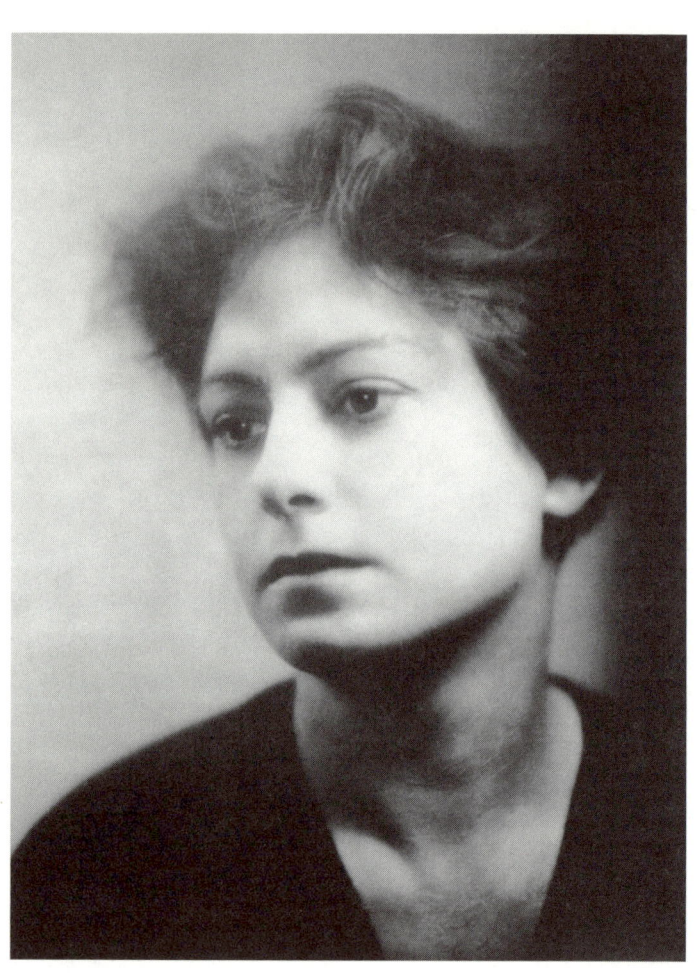

Es heißt, sie sei die geistreichste Frau Amerikas gewesen, obwohl ihre besten Bemerkungen wahrscheinlich sogar verloren gegangen sind, weil sie zu gewagt waren, um veröffentlicht zu werden. »Ein Freund versucht gerade, eine Dame aus mir zu machen, und der erste Schritt war, mir das Versprechen abzuringen, dass ich gewisse Wörter nicht mehr verwenden darf«, schreibt sie in einer Buchkritik als Erklärung dafür, dass sie nicht sagen kann, was sie wirklich über das Buch denkt.

Ihr Aussehen lässt sich schnell beschreiben: brünett, impulsiv, große dunkle Augen, häufig mit dunklen Ringen vor Müdigkeit, eine niemals in der Öffentlichkeit getragene Hornbrille, stets tadellose maßgeschneiderte Kleider und entzückende Hüte. Sie liebte es, sich von Kopf bis Fuß stark zu parfümieren. Edmund Wilson, zu dessen Erfolg sie beigetragen hat, als sie für *Vanity Fair* eingesandte Manuskripte prüfen musste, blieb von seiner ersten Begegnung mit ihr vor allem im Gedächtnis, dass seine rechte Hand noch bis in den Abend nach Parfüm roch.

Die Jahre der Prohibition verbrachte sie damit, jede Art Alkohol zu trinken, die sie in New York auftreiben konnte, außer Gin, von dem ihr übel wurde. Besonders

gern mochte sie Scotch. Sie hatte herausgefunden, dass
er, den ganzen Tag über in kleinen Dosen getrunken,
ein perfektes Mittel war, ihre Stimmung im Zaum zu
halten. Niemand hat sie je betrunken gesehen, denn sie
war eine Dame, aber wenige können sagen, sie hätten
sie je gänzlich nüchtern erlebt. Ihr ganzes Leben lang
hat sie als Journalistin gearbeitet, doch nur um zu überleben und meistens widerwillig. Von Zeit zu Zeit fasste
ihr Verleger ihre Gedichte und Erzählungen in Sam-
melbänden zusammen, die jedes Mal Bestseller wurden und sich noch heute verkaufen. *The Portable Dorothy Parker* in der berühmten Viking-Reihe ist – neben
Shakespeare und der Bibel – eines der meistverkauf-
ten Bücher dieser Serie. Ihr erstes Buch, 1927 publi-
ziert, war einer der größten Erfolge jener Zeit, eine be-
merkenswerte Tatsache, bedenkt man, dass es sich um
Gedichte handelte.

Sie wird am 22. August 1893 als Dorothy Rothschild
geboren. Ihre Familie gehört nicht zu den bekannten
Rothschilds, ist aber ebenfalls sehr vermögend. Der
Vater hat sein Glück in der Bekleidungsbranche gemacht. Die Mutter stirbt, geschwächt von der späten
Schwangerschaft, als Dorothy erst fünf Jahre alt ist, und
sie wird sich niemals ganz von der Überzeugung befreien können, dass sie die Mutter umgebracht hat. Als
dann auch die zweite Ehefrau des Vaters, die sie offen
bekämpft hatte, unerwartet stirbt, sieht Dorothy sich
als Heranwachsende mit zwei Müttern auf dem Gewissen. Ihre Schullaufbahn ist wegen Disziplinlosigkeit von

kurzer Dauer, mit vierzehn bricht sie die Schule ab: »Ich habe die Oberschule nicht abgeschlossen, aber gottlob habe ich viel gelesen.«

1913 stirbt auch der Vater, der zuletzt einen finanziellen Zusammenbruch erlitten hatte, und Dorothy steht mittellos da. Eine Zeit lang arbeitet sie als Klavierspielerin in New Yorker Tanzschulen, denn Musik gehört zu den Dingen, die sie gelernt hat, als sie noch ein reiches Mädchen war. Dann beschließt sie, ihre Gedichte, die sie seit jeher schreibt, an eine Zeitung zu verkaufen. Ihre Wahl fällt auf *Vanity Fair*, ihr Lieblingsmagazin. Sie setzt sich einen ihrer hübschen Hüte auf, besprengt sich mit Kölnischwasser und hält ihren Einzug im Büro des gefürchteten Direktors Frank Crowninshield. Der sieht sofort, dass er eine Persönlichkeit vor sich hat. Er kauft ihr ein Gedicht ab und findet einen Job für sie. Zunächst wird Dorothy bei der *Vogue* angestellt, wo sie Bildunterschriften für Modefotos verfassen soll, in die sie jedoch ihre eigenen verrückten Ideen einbaut. So zitiert sie zum Beispiel Shakespeares »Brevity is the soul of wit« als Kommentar zu den neuen Unterwäschekollektionen. Dann kommt sie endlich zu *Vanity Fair*, wo sie Artikel, aber auch Gedichte veröffentlicht. Häufig sind es erbarmungslose Aufzählungen aller Dinge, die sie verabscheut, und sie gefallen den Lesern ausnehmend gut. Die Titel dieser Gedichte lauten zum Beispiel *Women: a Hate Song (Frauen: ein Hassgesang)* oder *Why I Haven't married (Warum ich nicht geheiratet habe)*.

Tatsächlich jedoch hat Dorothy geheiratet, aber schon bald erkannt, dass es ein Fehler war. Von dem Abenteuer wird sie nur den Nachnamen Parker behalten, der ihr als Autorenname perfekt erscheint. Ihr Mann heißt Edwin Pond Parker II, ist wie alle Liebhaber Dorothys attraktiv, reich, und nur halb so intelligent wie sie. Aber er kann sie zum Lachen bringen, vor allem, wenn er betrunken ist, also fast immer. Sie heiraten 1917, kurz bevor er freiwillig in den Ersten Weltkrieg zieht, aus dem er mit zerrütteten Nerven und schwer morphiumsüchtig zurückkehrt. Dorothy ist »ungefähr fünf Minuten lang« eine Braut, den Rest ihrer Ehe bringt sie damit zu, sich in deren Scheitern zu fügen, bis hin zur Scheidung, die 1928 offiziell wird, als die beiden schon seit Jahren getrennt leben.

Die Arbeit hingegen verschafft ihr große Befriedigung. Der Name Dorothy Parker wird für die Leser in New York schon bald zu einem Markenzeichen. 1917 kündigt P. G. Wodehouse seine Stellung als Theaterkritiker bei der *Vanity Fair*, und die Aufgabe wird ihr übertragen – mit unmittelbaren Auswirkungen auf den Erfolg der Kolumne. Als Theaterkritikerin ist Dorothy Parker von hinreißender Boshaftigkeit. So empfiehlt sie ein Stück, weil sich dabei wunderbar stricken lässt: »Und wenn Sie nicht stricken können, bringen sie sich ein Buch mit.« In einer Kritik weigert sie sich, den Namen des Autors zu nennen, so entsetzt war sie über die Aufführung. Über ein anderes Stück wiederum sagt sie gar nichts, ihre ganze Rezension besteht aus der

Beschreibung einer Dame, die neben ihr saß und den Abend damit verbrachte, im Dunkeln ihren heruntergefallenen Handschuh zu suchen. Ganz New York wartet ungeduldig auf ihre amüsanten Artikel. Wer weniger lacht, sind die Theaterproduzenten. Sie fangen schon in den ersten Wochen des Erscheinens ihrer Kolumne an, Druck auszuüben, damit sie ihren Posten verliert. Einem wird es Jahre später gelingen: Florenz Ziegfeld nämlich, als Dorothy die Kühnheit besitzt, das geringe schauspielerische Talent seiner Frau zu kommentieren.

Ohne Begründung gefeuert, verlässt Dorothy das Magazin, ihr folgt aus Solidarität der Kollege Robert Benchley, der zu ihrem Seelenverwandten geworden ist. Sie mieten einen winzigen Raum – »Noch einen Quadratzentimeter weniger, und es wäre Ehebruch gewesen«, erinnert sie sich –, um fortan als freie Journalisten zu arbeiten und einen Erfolg nach dem anderen einzuheimsen. Sie sind kein Paar, er hat Frau und Kinder, sie versucht zu dem Zeitpunkt noch, ihre Ehe zu retten, aber sie werden jahrelang unzertrennlich sein. Zusammen richten sie einen Stammtisch im Restaurant des Algonquin-Hotels ein, aus dem der legendäre Algonquin Round Table hervorgeht. Die besten Journalisten jener Zeit kommen hier zusammen.

An Arbeit mangelt es ihr nicht. Sie findet andere Zeitungen, wo sie weiter Verrisse von Theaterstücken und Büchern veröffentlichen kann, obwohl sie keine angenehme Mitarbeiterin ist, unordentlich und immer unpünktlich. Thomas Masson von der *Saturday Evening*

Post hält sie für die beste Humoristin ihrer Zeit, doch er erinnert sich auch, wie schwierig es war, ihr einen Artikel zu entlocken: »Du sitzt in der Nähe und wartest, dass sie endlich fertig wird mit dem, was sie angefangen hat. Vorausgesetzt, sie hat überhaupt angefangen.« Einmal hat er das Warten schon seit einem Monat aufgegeben, da wird der Artikel endlich in der Redaktion eingereicht. Jede Art von Disziplin ist ihr unbekannt. Sie versucht, ein Tagebuch zu führen, wie all ihre Kollegen, kann sich aber nie erinnern, wo sie »das verdammte Heft« liegen gelassen hat. Sie verbringt ihre Zeit damit, vor Chefredakteuren zu flüchten, die auf ihre Artikel warten, und meidet Verleger, die ihr Verkaufspotenzial entdeckt haben und sie nun drängen, die nächsten Bücher zu schreiben. »Schreib, schreib weiter, das ist alles, was sie sagen können. Oh, manchmal bin ich so müde und angeekelt von allem!«, macht sie sich bei Freunden Luft. Ihr Traum, sagt sie, wäre es, sich aufs Land zurückzuziehen und »den Rest meines Lebens damit zu verbringen, Schecks zu züchten«.

Ihr Liebesleben ist eine Zentrifuge. »Nachdem Eddie weg war, gingen die Männer in ihrem Haus ein und aus wie die Post«, erinnert sich ein Freund. Manchmal verliebt sie sich ernsthaft, aber immer in die falschen Männer. Dann legt sie sich tagelang mit einer Flasche Scotch ins Bett. »Es sind nicht die Tragödien, die uns umbringen, es sind die Kräche. Ich ertrage Kräche nicht«, seufzt sie. In regelmäßigen Abständen versucht sie, sich umzubringen, aber niemand nimmt sie ernst. Einmal sind es die Pulsadern, dann trägt sie elegante blaue Bänder um die Handgelenke und beklagt sich am runden Tisch im Algonquin: »Mein Exmann hat mir nicht mal ein scharfes Rasiermesser dagelassen.« Öfter sind es Schlafmittel. Auch ihre Gedichte werden bitterer:

Drink and dance and laugh and lie,
Love, the reeling midnight through,
For tomorrow we shall die!
(But, alas, we never do).

1933 wird sie vierzig und verliert allmählich ihre Illusionen über die Männer. »Every love's the love before / In a duller dress«, schreibt sie. Den Sex habe sie ad acta gelegt, erklärt sie ihren Lesern, »auf das oberste Regal, in eine Schachtel mit der Aufschrift ›Winterhüte 1916‹«. Aber tatsächlich ist sie kurz davor, dem Mann zu begegnen, der ihr zweiter Ehemann werden wird. Alan Campbell ist Schauspieler und Journalist, elf Jahre jünger als sie und ein schöner Mann, wie es alle Männer sein müssen, wenn sie ihr gefallen sollen. Binnen weniger Monate verwandelt sich Alan in ihren Manager. Er verordnet ihr einen neuen Haarschnitt, setzt sie auf Diät, überwacht ihr Schreiben und sorgt dafür, dass sie ihre Artikel rechtzeitig abliefert. Alan kann sie überreden, nach Hollywood umzuziehen, eine Stadt, die Dorothy hasst wegen der Palmen (»die scheußlichsten Pflanzen der ganzen Schöpfung«), die ihr aber eine gut bezahlte Arbeit bietet. Die beiden schreiben zusammen Drehbücher. Sie sind ein perfektes Team, sie hat die

Ideen, er die Methode. Und obwohl Dorothy alles tut, um gekündigt zu werden, zum Beispiel indem sie eine Gewerkschaft für Drehbuchautoren aufbaut, halten die beiden lange durch und häufen ein beträchtliches Vermögen an.

Sie erklärt sich zur Kommunistin, auch wenn sie niemals in die Partei eintritt. Mit dem revolutionären Virus hat sie sich bei der Kampagne zur Unterstützung von Sacco und Vanzetti angesteckt, und fortan hört sie nicht mehr auf, sich politisch zu engagieren. Sie tut alles, um die Amerikaner mithilfe der »Hollywood Anti-Nazi League« für die Gefahren des Nationalsozialismus zu sensibilisieren, sie abonniert die *Moscow News*, sie schließt sich allen möglichen Bewegungen an und wirbt mit ihrem mittlerweile berühmten Namen für das Anliegen so unterschiedlicher Organisationen wie der »Friends of the Abraham Lincoln Brigade«, die »Southern Conference for Human Welfare«, die »League of Women Shoppers«, die »International Workers Order« und den »Spanish Children's Milk Fund«. Natürlich fordert sie in den Fünfzigerjahren mit Begeisterung die Untersuchungskommission des Senators Joseph McCarthy heraus, aber sie muss die demütigende Erfahrung machen, dass man sie nicht allzu ernst nimmt. Vielleicht weil sie ihre Leser immer zu sehr zum Lachen brachte. Immerhin konnten ihre Artikel auch mal so enden: »Persönliche Botschaft: Robert Benchley, komm bitte zurück nach Hause.« Und die Einzige in ganz New York, die nicht lachte, war die Ehefrau von Benchley.

In ihren letzten Lebensjahren lässt sie sich auch von Alan Campbell scheiden. Der Gesellschaft von Männern zieht sie jetzt ihre Hunde vor, die sie niemals enttäuscht haben. Einer besonders, ein Dackel namens Robinson, folgt ihr seit Jahren überall hin und schläft unter den Bartheken, während sie bis zum Morgengrauen trinkt. Robinson, der in ihrem ständigen Chaos aufgewachsen ist, hat keine Erziehung zum Haushund genossen, aber Dorothy verteidigt ihn gegen alles und jeden. Der Direktor eines teuren Hotels erinnert sich daran, wie sie ihm die Stirn bot, nachdem Robinson die Hotelhalle mit seinem Geschäft verschmutzt hatte. Auf seinen entsetzten Ausruf: »Sehen Sie nur, was Ihr Hund da angerichtet hat!«, antwortet sie, ohne mit der Wimper zu zucken: »Das war nicht mein Hund, das war ich.« Als Edward Steichen darum bittet, sie porträtieren zu dürfen, willigt sie nur unter der Bedingung ein, dass Robinson mit ihr fotografiert wird, eine Perlenkette als Halsband und im Profil, wie ein Kammerdiener von vollendeter Eleganz. 1967 stirbt sie überraschend an einem Herzanfall. In ihrem Testament hat sie ihre einträglichen Autorenrechte Martin Luther King vermacht.

Margaret Sanger

1879–1966

In den frühen Sechzigerjahren, als andere die Früchte ihrer Arbeit ernteten, war sie bereits eine alte Dame im Rollstuhl. Nach jahrelangen Forschungen, die die von ihr gegründete »National Birth Control League« angeregt hatte, war es dem amerikanischen Arzt Gregory Pincus endlich gelungen, die erste empfängnisverhütende Pille zu entwickeln. Und wenige Wochen nach Kennedys Tod hatte Lyndon Johnson den Fulbright Bill unterschrieben, der gewährte, was sie seit vielen Jahren forderte: Er eröffnete den Programmen für Familienplanung die Möglichkeit, öffentliche Gelder zu beantragen. In Scharen klopften die Journalisten an ihre Haustür in Tucson, um sich die Geschichte ihrer Kämpfe anzuhören: »Wie viel Feindseligkeit schlug mir vor fünfzig Jahren entgegen! Alle hatte ich gegen mich: das Gesetz, die Polizei, die Regierung, sogar meinen Vater. Er hieß Michael Higgins und war der aufgeschlossenste Ire, der mir je begegnet ist. Aber er wurde nicht müde, mir zu sagen: ›Margaret! Lass die Finger davon! Lass es sein! Dieses Projekt, das du dir in den Kopf gesetzt hast, ist nichts für ein Mädchen!‹« Und wenn sie das erzählte, blitzten ihre grünen Augen noch immer schelmisch auf, während

sie den Kopf über dem langen, zarten Hals zur Seite
neigte.

Als junges Mädchen war sie zauberhaft, eine irische
Schönheit mit roten Haaren und glühenden Wangen.
Ihre außergewöhnlich weibliche, fast zerbrechliche Erscheinung hat ihre Gegner oft verwirrt, zumal sich hinter ihrem gewinnenden Lächeln ein unbeugsamer Charakter verbarg. Und jedem, der sie kritisierte, weil sie
ihre Sache zu ernst nahm, entgegnete sie: »Ich vertei-
dige die Sache der Frauen, die herzlich wenig zu lachen
haben.«

Sie wurde 1879 als Margaret Higgins geboren. Ihre
lebhafteste Kindheitserinnerung waren die ständigen
Krankheiten der Mutter: Die Kinder wurden aus dem
Zimmer verbannt, die Nachbarinnen bildeten einen
schwarzen Kreis um das Bett der Mutter. Anne Higgins, eine fromme Katholikin, hatte elf Kinder zur Welt
gebracht, obwohl sie an Tuberkulose litt, und war mit
fünfzig an Auszehrung gestorben. Zur Zeit ihres Todes
machte Margaret schon eine Ausbildung zur Krankenschwester, da für ein Medizinstudium, das sie gerne begonnen hätte, kein Geld da war. Und sie wusste bereits
genau, wofür zu kämpfen sich lohnte: die Frauen aus
ihrer abgrundtiefen Unwissenheit über ihren Körper
und ihre Sexualität herauszuholen und sie in die Lage
zu versetzen, selbst zu entscheiden, ob und wann sie
Kinder haben wollten.

Wir sprechen von einer Welt, die es nicht mehr gibt,
dem Amerika des ausgehenden 19. Jahrhunderts. Es ist

eine Welt, in der junge Frauen in die Ehe gehen, ohne das Geringste über Sexualität zu wissen. Die Methoden zur Verhütung unerwünschter Schwangerschaften bestehen in einer verworrenen Mischung aus Duschen, Spermiziden, Schwämmen, Diaphragmen und dubiosen Abtreibungsmitteln, bei der die alten Methoden des Coitus interruptus und des Präservativs dominieren – beide natürlich in der Hand der Männer. Dank eines amerikanischen Erfinders, Charles Goodyear, sind die Präservative seit einiger Zeit wenigstens nicht mehr aus einem teuren tierischen Rohstoff, sondern aus Gummi. Wer sich über das alles informieren will, muss sich allein behelfen oder sich verschwiegenen Hebammen, ambulanten Pflegern, Apothekern und obskuren Geschäftemachern anvertrauen. Einige Firmen versenden die entsprechenden Produkte per Post unter Euphemismen wie »weibliche Hygieneartikel« oder »französische Methode«.

Margaret beschließt, dass die Dinge sich ändern müssen. Sie hat die sozialistischen Ideen ihres Vaters übernommen, der zum großen Entsetzen der Nachbarn aus seinem Atheismus keinen Hehl machte, und die ruhige Zähigkeit der Mutter, die ihr außer der Schönheit auch die Tuberkulose vererbt hat. Margaret besucht die angesehenste Schwesternschule von New York und hat geschworen, dass sie nie heiraten wird. Schließlich gibt sie aber doch dem Werben des jungen Architekten William Sanger nach, der ein kämpferischer Sozialist ist wie sie. 1902 heiratet sie ihn in aller Heimlichkeit, damit sie

ihren Ausbildungsplatz nicht verliert, und stellt ihre Be-
dingungen: Sie wird weiterarbeiten, und nichts darf sie
vom Kampf um ihre Sache ablenken.

1903 wird ein erster Sohn geboren, Grant, dann –
nach einer Pause, die ihr die Ärzte wegen eines Tuber-
kuloserückfalls verordnet haben – zwei weitere Kinder,
Stuart 1908 und Peggy 1910. Doch die Ehe hält nicht
lange, denn in der Boheme von Greenwich Village, wo
Margaret und ihr Mann verkehren, entdeckt Margaret
die Freuden der freien Liebe, die von nun an zu ihren
gelebten Überzeugungen gehören wird.

In den Kliniken, wo sie als Krankenschwester arbeitet,
begegnen ihr sehr viele Frauen vor allem aus armen und
ungebildeten Schichten, deren Leid aus ihrer Unwissenheit über die elementarsten Formen der Empfängnisverhütung rührt. Eine besonders tragische Erfahrung, die
Margaret Jahre später als wahre Erleuchtung beschreiben wird, ist die Begegnung mit einer jüdischen Immi-
grantin, Sadie, die wegen Komplikationen nach einer
selbst vorgenommenen Abtreibung eingeliefert wurde.
Verzweifelt weint die junge Frau, sie könne nicht noch
mehr Kinder ernähren. Margaret hört bestürzt, wie der
Arzt der Frau empfiehlt, ihren Ehemann »zum Schlafen aufs Dach zu schicken«. Wenig später stirbt Sadie an
Blutvergiftung.

Von nun an liest Margaret alles, was sie über das
Thema Sexualität und Empfängnisverhütung finden
kann. Sie besucht Kliniken und geht in Bibliotheken, sie
spricht mit Ärzten, sie informiert sich über die Arbeit

der europäischen Pioniere auf diesem Gebiet, vor allem Engländer und Holländer. Ihre Freunde aus dem radikalen Salon von Mabel Dodge hören ihr fasziniert zu. »Sie war der erste Mensch, den ich kennengelernt habe, der, ohne ein Blatt vor den Mund zu nehmen und mit glühender Begeisterung, für die Freuden des Sex warb«, berichtet Mabel in ihren Memoiren. Eine sozialistische Zeitung bittet sie, über diese Themen zu schreiben, und sie eröffnet eine Kolumne mit dem Titel *What Every Girl Should Know (Was jedes Mädchen wissen sollte)*, in der sie in einer offenen, pädagogischen Sprache über alles spricht: Masturbation, Defloration, Empfängnisverhütung. Die Reaktionen der Zensur lassen nicht lange auf sich warten. Häufig wird die Kolumne verboten, und die Zeitung muss ihren Lesern erklären: »What Every Girl Should Know: Nothing, by order oft he U.S. Post Office«.

Das Gesetz, das es verbietet, »obszönes« Material per Post zu verschicken, existiert seit Jahren. Im Allgemeinen wird es mithilfe euphemistischer Formulierungen umgangen, aber das ist nicht der Stil von Margaret Sanger, die den offenen Kampf liebt. »Ich hatte meinen Siedepunkt erreicht«, schreibt sie in ihren Memoiren. »Ich konnte mit meinen Überzeugungen nicht länger hinterm Berg halten, ich wollte anfangen, für eine bessere Welt zu arbeiten.« Sie gründet die Zeitschrift *The Woman Rebel*, die als Erste den Begriff »birth control« benutzen wird. Die Zeitschrift gehört keiner politischen Richtung an, denn die Frage der Empfängnisverhütung geht über den Klassenkampf und sämtliche Ideologien hinaus. »Was die rebellische Frau fordert, ist das Recht auf Faulheit. Das Recht, eine allein erziehende Mutter zu sein. Das Recht, zu zerstören. Das Recht, zu erschaffen. Das Recht auf Leben. Das Recht auf Liebe«, schreibt sie in ihrem leidenschaftlichen Stil.

Regelmäßig wird die Zeitschrift von der Zensur beschlagnahmt, doch die Aktivistinnen stecken sie selbst in die Briefkästen und verteilen sie auf der Straße. Unweigerlich fordern sie die Justiz heraus. Ende August 1914, gerade als in Europa der Krieg ausbricht, wird Margaret Sanger von der Polizei verhaftet. Statt ihre Verteidigung vorzubereiten, veröffentlicht sie das Pamphlet *Family Limitation* – das erste Pamphlet einer erfolgreichen Serie von Rundbriefen, die ihre Mitarbeiterinnen und freiwillige Helferinnen gegen Bezahlung auf der Straße vertreiben –, dann beschließt sie zu fliehen, besteigt einen Nachtzug nach Kanada und reist von dort aus nach England.

Ihre drei Kinder hat sie bei ihrem Mann und zuverlässigen Freunden zurückgelassen. Der älteste Sohn, Grant, ist erst zehn Jahre alt, er schreibt ihr gleichmütige Briefe, in denen er ihr Mut macht, ihre Arbeit fortzusetzen. Peggy, die Kleinste, die eine schwere Kinderlähmung hatte, ist das schwächlichste ihrer Kinder: »Geliebte Peggy«, schreibt Margaret aus Kanada, »mein Herz fliegt Dir entgegen. Ich würde so gerne bei Dir sein, einfach nur, um Dir über die Haare zu streichen, aber es gibt wichtige Arbeit, die getan werden muss, mein Schatz, Arbeit, die Dein Leben einfacher machen wird und auch das der Frauen, die nach Dir kommen.«

Ein Jahr später kehrt Margaret Sanger in ihre Heimat zurück, voller Sorge um ihren Mann, der im Gefängnis sitzt, weil eines ihrer Pamphlete bei ihm zu Hause gefunden wurde, und um Peggys Gesundheit, die nun an einer Lungenentzündung leidet. Kurz nach ihrer Ankunft stirbt das Kind in ihren Armen im Mount Sinai Hospital von New York. Margaret wird nie aufhören zu glauben, dass sie dieses Unglück hätte verhindern können, wenn sie zu Hause gewesen wäre. Ihr ganzes Leben lang wird sie behaupten, den leuchtenden kleinen Geist Peggys an ihrer Seite zu sehen.

Sie versucht, sich den beiden anderen Kindern stärker zu widmen, und bringt die Jungen nach Cape Cod, wo sie 1917 mit dem ersten Geld aus den Verkäufen ihrer Pamphlete ein Cottage gekauft hat. Es gehörte ihrem Freund John Reed, der in das revolutionäre Russland gegangen ist. Sie schwimmt mit den Kindern im Ozean, reitet, macht lange Spaziergänge. Eine Vollzeitmutter wird sie nie sein, aber sie liebt die Momente in einer Welt, die sie und ihre Kampfgefährtinnen ihre »maternal corner« nennen.

Es folgt eine lange Reihe von Gerichtsverfahren. In einem Prozess versucht sie, die Vorwürfe ihrer Gegner zu widerlegen, die sie als zerstreute, wenn nicht gar nachlässige Mutter darstellen wollen, indem sie sich hochelegant gekleidet zusammen mit ihren beiden Söh-

nen fotografieren lässt. In manchen Prozessen wird sie
freigesprochen, in anderen verurteilt, doch die kurzen
Gefängnisaufenthalte machen ihr keine Angst – meistens verwandelt sie sie in Workshops über Empfängnisverhütung. Wenn sie gerade keine Scherereien mit
dem Gesetz hat, unternimmt sie lange Vortragsreisen,
auf denen sie alle Säle füllt und die ihr einen Lebensunterhalt sichern. Außerdem schreibt sie sehr erfolgreiche Bücher: *Woman and the New Race, The Pivot of
Civilization, Happiness in Marriage.*

Am 16. Oktober 1916 gründet sie in einer bekannten
Straße in Brooklyn die erste Klinik für Empfängnisver-
hütung und Geburtenkontrolle von Amerika. Sie lässt
Plakate in Englisch, Jiddisch und Italienisch ankleben:
»Mütter! Ihr könnt Euch keine weiteren Kinder leisten?
TÖTET NICHT – VERHÜTET«. Die Frauen stehen Schlange,
sie wollen Aufklärung, Ratschläge, Behandlungen. »Ihre
Dankbarkeit war ergreifend, manche haben mir sogar
die Hand geküsst«, erinnert sich Margaret Sanger. Nach
nur zehn Tagen lässt die Polizei die Klinik stürmen.

Beim Prozess wird sie von dem Anwalt Jonah Goldstein verteidigt, der auch ihr derzeitiger Liebhaber ist.
Unterdessen tritt ihre Schwester, die als Krankenschwester in der Klinik noch vor Margaret verhaftet wurde, in
einen unbefristeten Hungerstreik, was im ganzen Land
große Anteilnahme hervorruft, die dann zu ihrer trium-
phalen Entlassung führt. Sogar eine gemäßigte Tages-
zeitung wie die *New York Times* befasst sich mit den
Ereignissen. Als Margaret zu dreißig Tagen Gefängnis

verurteilt wird, erbebt das Gerichtsgebäude von den Rufen des Publikums: »Schande! Schande!«

Ihr ganzes Leben lang wird sie vom FBI kontrolliert, denn zu ihren Freunden gehören sehr viele Kommunisten und Sozialisten. Sie selbst spricht jedoch nie öffentlich über Politik. An Politik ist sie nur in dem Maße interessiert, in dem sie ihren Kreuzzug beeinflussen kann: »Unser Anliegen ist die Freiheit der Frau, nicht die Macht des Staates«, schreibt sie. Immer wieder zieht sie sich aus dem Rampenlicht zurück, wenn ihre Tuberkulose erneut ausbricht oder sie unter kurzen Depressionsphasen leidet. Die Erinnerung an Peggy quält sie. Jedes Jahr an ihrem Todestag schließt sie sich ein und beweint ihre Tochter.

Ihr Liebesleben ist kompliziert. Sie hat viele Liebhaber, ist aber selten wirklich involviert. Die große Liebe ihres Lebens war vermutlich Lorenzo Portet, ein spanischer Aktivist, der früh an Tuberkulose starb. Sie hatte ihn während ihres Exils in Europa kennengelernt. Alle anderen sind eher Notlösungen. »Meine Liebe, der Mann, der uns vorschwebt, ist noch nicht geboren«, schreibt sie an eine Freundin. Viele ihrer Liebhaber werden später zu ihren Mitarbeitern, und mit allen unterhält sie weiterhin gute Beziehungen. Ihrem ehemaligen Mann schreibt sie einen anrührenden Brief: »Ich möchte, dass du weißt, dass […] deine Liebe mein Leben wunderschön gemacht hat, und dass du mir jene Öffnung für die Liebe, die Leidenschaft und den Sex ermöglicht hast, die mir den Mut und die Kraft gaben, weiterzumachen.« Doch statt ihn abzuschicken, legt sie ihn zwischen ihren Papieren ab, mit einer Bitte, ihn William nach ihrem Tod auszuhändigen. Er wird vor ihr sterben und den Brief niemals lesen.

Eine leidenschaftliche intellektuelle Beziehung verbindet sie mit Havelock Ellis, dem berühmten englischen Psychologen, der lange Zeit ihr Mentor sein wird. Sexuelle Erfüllung findet sie bei Hugh de Selincourt, einem englischen Adligen mit dem Ruf eines großen Liebhabers, der mit seiner Frau und ihrer Geliebten auf einem großen Landgut lebt. Wenn Margaret durch Europa reist, versäumt sie es nie, ein paar Tage bei ihm zu verbringen, um sich auszuruhen und Sex zu haben. »Unsere amerikanischen Ehemänner sind alles andere als gute Liebhaber«, erklärt sie Hugh, den sie gerne an ihre besten Freundinnen in Amerika weiterreicht, überzeugt, dass ein leidenschaftlicher Mann unter Freundinnen geteilt werden sollte. Ein anderer Liebhaber, dem sie bis zum Schluss verbunden bleiben wird, ist H. G. Wells. Sie spricht nicht oft von ihren Liebschaften, weil sie darauf bedacht sein muss, ihr öffentliches Image vor den Angriffen ihrer Gegner zu schützen. Sie begnügt sich damit, ihr Liebesleben so zusammenzufassen: »In meinen Zärtlichkeiten und in meinen Küssen hat es nie die kleinste Lüge gegeben – niemals!«

1921 leitet sie die erste »American Birth Control Conference« in New Yorks Plaza Hotel, wo sie als unangefochtene Führerin der Bewegung bestätigt wird.

Eine ihrer glühendsten Anhängerinnen ist die Delegierte aus Connecticut, die schöne Katharine Houghton Hepburn. Über ihre Tochter, die in jenen Jahren ihre ersten Erfolge als Schauspielerin feiert, bringt sie Margaret Sangers Anliegen bis nach Hollywood. Amerika ist dabei, sich zu verändern, wenn auch langsam. Zwischen 1870 und 1930 hat sich die Zahl der arbeitenden Frauen verzehnfacht, und die »Flappers« verbreiten in den Zeitungen das Bild der emanzipierten Frau. Doch Margaret Sanger ist nach wie vor starken Repressionen ausgesetzt. Häufig werden ihre Vorträge auf Befehl der Zensurbehörden unterbrochen. Begeistert über die kostenlose Werbung, die ihr damit geboten wird, schlägt sie zurück, indem sie mit einem großen weißen Pflaster über dem Mund auf die Bühne kommt und von einem Mitarbeiter eine kurze Erklärung verlesen lässt: »Als Vorkämpferin für eine gerechte Sache glaube ich an die Freiheit der Rede. Als Propagandistin aber sehe ich einen enormen Vorteil darin, dass die Zensur mir einen Maulkorb verpasst. Wer mich zum Schweigen bringt, bewirkt nichts anderes, als dass Millionen anderer Menschen über meine Sache nachdenken und darüber sprechen.«

1922 heiratet sie in zweiter Ehe Noah Slee, einen sehr wohlhabenden Geschäftsmann, der sich ihre Dankbarkeit erworben hat, indem er der wichtigste Geldgeber ihrer Bewegung wurde. In Briefen an ihre Freunde ist er immer nur »der Millionär«. Während der langen Jahre ihrer Ehe – bis zu seinem Tod 1943 – leben sie jedoch

nur selten zusammen, da Margaret ein Haus ganz für
sich allein gefordert hat und fast immer auf Reisen ist.
Mit dem Geld ihres Mannes bezahlt sie das Medizinstudium ihrer Söhne, kauft ein großes Haus in New
York und eines in Arizona und finanziert vor allem die
»National Birth Control League«. Vielen Freunden, die
in Schwierigkeiten geraten sind, überweist sie eine Zeit
lang monatlich Geld, an erster Stelle steht dabei Ellis.
Erst die Depression, die Slees Vermögen auffrisst, wird
dieser Großzügigkeit ein Ende setzen.

1923 gründet Margaret eine neue Klinik für Geburtenkontrolle, das »Birth Control Clinical Research Bu-
reau«, dessen Vorbild schnell Schule macht. Im Laufe
von zehn Jahren entstehen mindestens dreihundert
ähnliche Kliniken in mehreren Staaten Amerikas. Es
hat zwar länger gedauert, als sie gehofft hatte, aber
Sanger sieht die ersten Resultate ihrer Arbeit. Sie hat
es geschafft, der Öffentlichkeit den Unterschied zwischen Empfängnisverhütung und Abtreibung begreif-
lich zu machen, die viel zu oft verwechselt wurden. Sie
hat die Ärzte sensibilisiert, die anfangen, das Thema
auf ihren Jahrestagungen zu behandeln. Sie hat die Forschung nach wirkungsvolleren Methoden in Gang gesetzt, vor allem nach chemischen Mitteln, von denen
sie fest überzeugt ist. Robert Dickinson ist einer der
Ärzte, die ihrem Anliegen verständnisvoll gegenüber-
stehen. Trotzdem haben die beiden erbitterte Auseinandersetzungen: Er möchte Ärzte in die New Yorker
Klinik einführen, während Margaret entschieden hat,

dass es eine reine Frauensache bleiben soll, und keine Ausnahmen duldet. Trotz ihrer Spannungen wird auf seinem Schreibtisch immer ein schönes Foto der Frau stehen, die er scherzhaft die »heilige Margaret« nennt. Auch Mary McCarthy wird in ihrem autobiografischen Roman *Die Clique* von Margaret Sangers Klinik sprechen und erzählen, wie schwer es für junge Mädchen damals war, an Verhütungsmittel heranzukommen. Die Szene mit der Heldin, die vergeblich versucht, sich ein Diaphragma einzusetzen, bis es schließlich quer durchs Zimmer schießt, bleibt das Sinnbild einer Epoche.

1929, als Margaret Sanger fünfzig Jahre alt wird, ist sie weltberühmt. Sie reist nach Japan, wo eine kleine Gruppe Feministinnen ihren Kampf von Anfang an verfolgt hat; nach Indien, wo sie Gandhi von ihren Ideen zu überzeugen versucht (sie scheitert, doch zum Ausgleich gelingt es ihr bei Nehru auf ganzer Linie); in die Schweiz, wo sie alljährlich ein internationales Forum über Verhütung veranstaltet. Sie macht Lobbyarbeit beim amerikanischen Senat und unterhält heimliche Kontakte zu Eleanor Roosevelt, die als junge Frau in einem Büro der »American Birth Control League« gearbeitet hat, doch als First Lady nicht mehr offen für Margaret Partei ergreifen kann. Letzten Endes vermögen die medizinische Forschung und die hinter ihr stehenden kommerziellen Interessen jedoch mehr als alle politischen Manöver. Auch der Zweite Weltkrieg, in dem monatlich fünfzig Millionen Präservative an die Truppen ausgeteilt werden, hat seinen Anteil.

Immer länger werden die Phasen, in denen sie sich als Privatbürgerin in ihr Haus in Tucson, Arizona, zurückzieht. Hier kocht sie gerne scharf gewürzte Gerichte und freut sich an ihren Kindern und Enkeln. Rechtzeitig vor ihrem Tod lernt sie Gregory Pincus kennen, der seit Jahren auf eigene Faust an hormonellen Verhütungsmethoden forscht und 1953, dank der Gelder, die sie ihm vermittelt, mit praktischen Experimenten beginnen kann, erst an Tieren, dann an freiwilligen Frauen. Margarets letzte Jahre sind traurig. Sie erleidet mehrere Herzanfälle, von denen sie sich nicht mehr erholt. Die Freunde sterben, alte Erinnerungen kehren wieder. Als ihre Enkelin Margaret ein Mädchen zur Welt bringt, das auf den Namen Peggy getauft wird, streichelt sie weinend das Köpfchen der Neugeborenen und flüstert: »Peggy ist zurückgekommen …« Sie stirbt 1966, kurz nach ihrem siebenundachtzigsten Geburtstag.

Anne Sexton

1928–1974

»Ich bin hervorgekommen, eine wahnsinnige Hexe /
die sich nach schwarzer Luft sehnt, die kühn wird in der
Nacht / vom bösen Zauber träumend, habe ich meine
Aufgabe erfüllt / über die Dächer fliegend, Licht für
Licht: / eine einsame Gestalt, mit zwölf Fingern, besessen.« So hat sie sich in einem Gedicht beschrieben. Anne
Sexton ist wie ein Rätsel in Frauengestalt. Schön und
verflucht, depressiv und euphorisch, verheiratet und mit
zahlreichen Liebhabern, eine besessene Hausfrau und
ein Luxusgeschöpf, war sie die skandalöseste Lyrikerin
der Sechzigerjahre, eine der Ersten, die vom Körper der
Frau und von ihren Neurosen sprach, ohne sich doch
von den eigenen befreien zu können, und als sie schon
längst eine Berühmtheit war, als alle sie baten, ihre Gedichte öffentlich vorzutragen, mit nackten Füßen und in
langen roten Kleidern, da hat sie sich eines Morgens im
Herbst 1974 mit Autoabgasen umgebracht.

1928 wird sie als Anne Gray Harvey geboren, doch
ihr wahres Leben beginnt 1956, mit achtundzwan-
zig Jahren, als der sie behandelnde Psychiater ihr vor-
schlägt, als Heilmittel gegen ihre Depressionen mit dem
Schreiben zu beginnen. Er weckt die Künstlerin in ihr.
Vorher war sie nur eine sehr schöne, sehr unglückliche

Frau mit einer schwierigen Familiengeschichte – viel Geld, viel Alkohol, eine Mutter, die sie ignorierte, ein Vater, der sie misshandelte, vielleicht missbrauchte und vermutlich nicht einmal ihr richtiger Vater war –, einer oberflächlichen Jugend aus Push-up-Büstenhaltern, Flirts und Zigaretten und einer übereilten Hochzeit mit neunzehn, auf der Flucht in einem Cabriolet Richtung North Carolina mit einem Jüngling namens Alfred »Kayo« Sexton II.

Damals ist sie noch fest entschlossen, das anständige Mädchen aus den amerikanischen Zeitschriften zu werden: toupierte Haare, eine perfekte Köchin und viele spielende Kinder im Wohnzimmer. (»Von meinem dreizehnten Lebensjahr an wollte ich heiraten, etwas anderes wollte ich nicht. Ich glaubte, Kinder zu haben gehörte sich einfach.«) Doch Kayo und sie begreifen sofort, dass sie das nicht schaffen wird. Sie ist hochsensibel, unausgeglichen, voller Ängste. Sie kann nicht allein sein, jedes Mal, wenn Kayo auf Dienstreise geht, verlässt sie das Haus auf der Suche nach einem Mann. Die Geburt der beiden Töchter Linda und Joy verschlimmert die Situation nur. Anne scheint nicht geschaffen für die Mutterrolle. Sie hat eine Heidenangst, mit den Kindern allein zu sein, sie fallen zu lassen. Mehrmals versucht sie, sich mit Schlafmitteln umzubringen, es folgen Klinikaufenthalte, bis sie das Glück hat, dem Psychologen Martin Orne zu begegnen, der ihr die »Behandlung durch Sprache« verordnet und damit etwas in ihr auslöst.

Jetzt, wo sie in der Psychiatrie gesessen hat, jetzt, wo sie offiziell für »verrückt« erklärt wurde, kann sie das Chaos hervorholen, das in ihr steckt, dieses ganz und gar weibliche Unbehagen, etwas sein zu müssen, aber nicht zu wissen, wer oder was man ist. Das Schreiben kanalisiert ihre Energien, es hilft ihr, sie in etwas umzusetzen. Sie schreibt über sich und ihren Frauenkörper: ihre Gebärmutter, Menstruation, Selbstbefriedigung, Abtreibung, Gelüste. Heute scheint das belanglos, aber damals öffnete man mit so etwas Türen, hinter denen es von Dämonen wimmelte. Sie ist die Erste, die über gewisse Dinge schreibt, über Konflikte spricht, die sie in ihrem eigenen Leben nie lösen wird. Sie bleibt hin und her gerissen zwischen den Töchtern, die sie liebt und fürchtet, ihrem Mann, den sie braucht wie die Luft zum Atmen, aber immer wieder enttäuscht, ihren unbezähmbaren sexuellen Begierden und den Erwartungen der Außenwelt. »Ich habe um jeden Preis versucht, ein angepasstes Leben zu führen, denn so wurde ich erzogen, und das war es auch, was mein Mann von mir wollte«, sagt sie. »Aber mit einer kleinen weißen Palisade kann man sich nicht vor Albträumen schützen.«

Anne Sexton weiß, dass sie sich nicht retten kann, doch sie hat wenigstens ihre Welt gefunden, die Dichtung und Gleichgesinnte. Es sind die »andauernd verliebten« Lyriker und die Verrückten, die sie bei ihren wiederholten Aufenthalten in psychiatrischen Kliniken kennenlernt: »Erst hatte ich furchtbare Angst, das ist klar, und ich weinte oder blieb stumm (ich!), aber dann habe ich dieses Mädchen getroffen (natürlich sehr verrückt; wie ich, nehme ich an), die meine Sprache sprach. Was für eine Erleichterung! Ich will sagen, naja … wenigstens war da jemand!« Sie nimmt an Lyrikseminaren teil, lernt andere Lyriker kennen und führt ihr gewohntes Leben weiter, aber jetzt wird es durch das Schreiben von innen erleuchtet. Nachdem sie morgens die Töchter zur Schule gebracht hat, erledigt sie in weniger als einer halben Stunde den Haushalt und beginnt dann zu schreiben, an ihren mit Papieren überladenen kleinen Schreibtisch geklammert wie an ein Rettungsboot.

Als die ersten Gedichte in wichtigen Zeitschriften erscheinen, fängt auch ihr Mann an, sie mit anderen Augen zu sehen. Kayo ist unschlüssig, er hasst ihre Dichterkreise, aber er sieht, dass es ihr durch das Schreiben besser geht, und wagt nicht, sich zu widersetzen. Sie lieben sich sehr, aber sie streiten auch viel; er schlägt sie oft. Weit weg von zu Hause, auf ihren Lyrikkursen, glänzt Anne. »Obszön, amüsant, theatralisch, ein brennendes Haus«, so erinnert sich ein Freund an sie. Sie flirtet mit allen, denn ihr Gefühl tagtäglichen Scheiterns muss Halt im Blick eines verliebten Mannes suchen. Sie schreibt den ganzen Tag, um vor den Stimmen zu flüchten, die »wie grüne Hexen« in ihrem Kopf herumtoben, aber auch um den dünnen Faden zu ihren Töchtern, die praktisch bei den Großeltern aufwachsen, nicht abreißen zu lassen.

1960 veröffentlicht sie ihr erstes Buch, *To Bedlam and Part Way Pack*, das sich als ein spektakulärer Erfolg ent-

puppt. Innerhalb weniger Jahre wird sie zu einer angesehenen Lyrikerin. Ihre Werke haben hohe Auflagen, sie
schreibt für die wichtigsten Zeitschriften, gewinnt sämtliche Preise, einschließlich des Pulitzer. Sie hat ein Team,
das sich von morgens bis abends um sie kümmert: ihr
Mann, die Schwiegermutter, eine Gouvernante, eine Sekretärin, eine Krankenschwester und einen Agenten. Zu
jeder Tages- und Nachtzeit klopfen Freunde und Dich-
terkollegen bei ihr an. Sie empfängt sie auf dem Boden
sitzend, die langen Beine gekreuzt, in grellbunte Kleider
gehüllt. Auf ihrem Bauch liegt ein Heizkissen gegen
ihre chronischen Bauchschmerzen. Immer steht ein ge-
fülltes Glas auf dem Tischchen neben ihr. Sie hat blitz-
blaue Augen, ihre Blicke schneiden wie Messer. Ein junger Poet, Joseph DeRoche, erinnert sich, dass er »voller
Wunden« aus ihrem Haus ging. Die Kritik rechnet sie
zu den »confessional poets«, die sich schamlos über ihre
Eingeweide beugen, und ihr missfällt das nicht: »Ich
habe an meinem eigenen Kopf angeklopft; / er war aus
Glas, eine umgestürzte Schüssel.«

Auf einem Seminar lernt sie Sylvia Plath kennen, die
jünger ist als sie und wild entschlossen, berühmt zu werden (»Keine Kinder, bis ich es geschafft habe«, schreibt
sie in ihr Tagebuch). Nach dem Unterricht gehen die
beiden Frauen dreifache Martinis im Ritz trinken und
bringen Stunden damit zu, ihre Selbstmordversuche zu
vergleichen. Sylvia wird sich früher umbringen, 1963
steckt sie ihren Kopf in den Gasherd, nachdem sie das
Frühstück für die Kinder zubereitet hat. »Ihr Tod ver-

wirrt mich sehr«, schreibt Anne Sexton. »Er weckt in mir den Wunsch nach meinem eigenen. Sie hat sich etwas genommen, das mir gehörte, es war mein Tod.«

Anne fährt mit dem Studium fort, obwohl es »für eine Dichterin vielleicht besser ist, verrückt zu sein als gebildet«, sagt sie. Sie besucht Kurse an der Universität, aber dafür muss sie versuchen, ihre Angst vor anderen Menschen zu überwinden (»Alle denken, ich sei ein Dichtergenie, darum dürfen sie auf keinen Fall entdecken, dass ich dumm bin«), und sie betrinkt sich mit Männern. Die wichtigsten sind Lyriker: der scharfsinnige George Starbuck, der ihr mit sehr zärtlichen Worten ein Buch widmet (»Für die, die den Kopf aus dem Fenster hält, um den Regen zu trinken. / Für die, die mir durchs Telefon ein Schlaflied gesungen hat. / Für die, die Liebe in diesem felsigen Grund ahnte und ihn so zu dem ihren machte«), der ungeschickte James Wright, der ihr Briefe in einem »schüchternen Scharlachrot« schreibt und ihr am Telefon die Bibel vorliest, der schöne Anthony Hecht, der verquälte James Dickey, mit dem sie in nächtelangen Ferngesprächen über die Liebe diskutiert, von Kayo mit ironischen Blicken bedacht, denn er ist überzeugt, dass die Dichter allesamt Schwachköpfe sind, und nimmt diese Melodramen nicht ernst. Alle finden sie wunderschön, extravagant und gefährlich, aber immer ist sie diejenige, die verlassen wird, und das erstaunt sie nicht, denn im Grunde ist sie überzeugt davon, nichts an sich zu haben, was die Liebe lohnt. Einem der vielen Männer, die sie verlas-

sen, um zu ihrer Frau zurückzukehren, schreibt sie ein
Gedicht:

> Sagen wir's rundheraus, ich war eine Episode.
> Ein Luxus. Eine flammendrote Korvette im Hafen.
> Aus dem Autofenster steigen meine Haare auf wie
>   Rauch.
> Weichtiere mit dünnem Hals, zur Unzeit.

Sie führt ein Doppelleben. Äußerlich ist sie die berühmte Lyrikerin Anne Sexton, die sich für ihre öffentlichen Auftritte schwindelerregende Summen zahlen
lässt und dann sturzbetrunken ankommt, die Schuhe
mit extrem hohen Absätzen auszieht, sich auf die
Bühne setzt und mit ihrer schönen rauen Stimme Gedichte zu lesen beginnt; innerlich ist sie ein verschreck-
tes kleines Mädchen, das Unheil mit Männern anrich-
tet, die Hausfrauenrolle spielt, aber voller Ängste steckt:
vor Geschäften, »weil man hier lauter Entscheidungen
treffen muss«, vor Verdauungsstörungen und vor leeren
Häusern. Sie gewinnt ein Arbeitsstipendium nach dem
anderen. Mit dem Geld lässt sie sich zum Entsetzen der
Förderkomitees einen großen Swimmingpool im Garten bauen oder reist mit ihrem Mann auf Safari – um
dann allerdings immer im Land Rover sitzen zu bleiben, weil sie sich vor Blut ekelt. Kayo und sie lieben und
streiten sich immer noch. Mehrmals versucht er, sie zu
erwürgen, sogar in der Öffentlichkeit, doch abends im
Bett streichelt er ihre Haare und flüstert ihr so lange zu,
dass sie ein braves Mädchen ist, bis sie einschläft. Als

er einwilligt, zu einem Psychologen zu gehen, um seine Gewaltausbrüche unter Kontrolle zu bekommen, ist es Anne, die sich nicht mehr zurechtfindet. Ihr fehlen die gewohnten Szenen mit Kayo: »Er schlägt mich nicht mehr […] Ich brauche es, dass man mich bestraft und mir dann vergibt.«

All ihre Selbstmordversuche finden statt, wenn Kayo fort ist und sie sich verlassen fühlt. In ihrer Handtasche stecken ihre Schlafmittelfläschchen, ihre »Töte-mich-Pillen«, wie sie sie gegenüber Freunden nennt, und, für den Notfall, auch ein Rasiermesser. Sie wird sehr oft ohnmächtig, vor öffentlichen Lesungen, wenn sie mit einem neuen Liebhaber zusammen ist, der sie erschreckt, im Auto mit Freunden. Angst ist die Dominante in ihrem Leben: »Beweg dich nicht, denn ich habe Angst, wenn die Dinge sich verändern. Ich habe so große Angst, dass mir alles wehtut: meine Finger, mein Arm, mein Bauch; ich werde ohnmächtig, und das hat nur einen Grund: ich will meinen Körper loswerden […] es gibt keinen einzigen ruhigen Ort, keine Milchpfütze. Ich will meine Mutter«, schreibt sie in ihren Aufzeichnungen. Wenn sie es nicht mehr aushält, ruft sie die psychiatrische Klinik an und lässt sich für ein paar Tage einweisen.

Als die Töchter allmählich heranwachsen, versucht sie, die verlorene Zeit aufzuholen. Stundenlang fährt sie mit ihnen Schlittschuh auf einem zugefrorenen See, sie schwimmt mit ihnen im Pool, backt Schokoladen- und Ingwerkekse, die direkt aus dem Ofen zusammen verspeist werden. Sie klammert sich an die Mädchen, vor allem an Linda, belästigt sie nachts mit Zuwendungen, die an Inzest grenzen. Ihr emotionales Chaos ist erschreckend. Sie wechselt den Psychiater, entscheidet sich für eine Frau und endet im Bett mit ihr. Dann geht sie zu einem älteren Psychoanalytiker und wälzt sich während der Sitzungen mit ihm auf der Couch. Sie kann in Raserei geraten über »Obst, den Vollmond, arthritische Hände, Brot, das ich mit einem Kuss verwechselte«. Den Selbstmord dreht sie wie einen kostbaren Gegenstand in ihren Händen hin und her, poliert ihn, studiert ihn, besessen von der Idee, wie er wohl stattfinden wird.

Doch Selbstmorde haben eine besondere Sprache.
Wie Tischler interessieren sie sich nur für die
Werkzeuge.
Nie fragen sie, *warum* gebaut wird.

Sie ist zunehmend überzeugt, dass sie Tabletten nehmen, »den weiblichen Weg« gehen wird, und die Nachricht, dass Hemingway sich erschossen hat, erfüllt sie mit Entsetzen und Bewunderung.

Langsam beginnt sie, an Scheidung zu denken, aber sie fürchtet Kayos Reaktion, und an dem Tag, an dem sie sich endlich durchringt, es ihm zu sagen, hat sie einen Leibwächter engagiert. Wunderschön ist sie immer noch, allerdings ein wenig übergewichtig, weil sie fast ausschließlich von Zabaione und Schokolade lebt. Sie hatte immer schon ein katastrophales Verhält-

nis zum Essen. Meistens betrinkt sie sich schon beim
Aperitif und ist beim Essen vollkommen berauscht. Oft
geht sie nach der Mahlzeit ins Bad, um sich zu über-
geben. Bei Tisch spricht sie kaum, sie nuschelt, verliert
sich in ihren Gedanken oder wird ohnmächtig. Linda
erinnert sich, wie sie eines Tages mit dem Gesicht in
den Kartoffelbrei fiel, während ihr Mann schrie: »Anne,
hör auf, du erschreckst die Mädchen!«

In ihren letzten Jahren bleibt sie allein im Haus
zurück, zwei Dalmatiner und ihre Gespenster leisten
ihr Gesellschaft. Kayo hat sie verlassen, die Töchter
studieren, sind weit weg. Sie schreibt viel: ein Theater-
stück, ein Buch mit sadistischen Märchen und Gedichte
natürlich. Am 4. Oktober 1974, es ist ein herrlicher, son-
niger Tag, zieht sie den Pelzmantel ihrer Mutter an und
geht mit einem Glas eisgekühltem Wodka in die Garage. Sie setzt sich ins Auto, macht den Motor und das
Radio an. »Anne, die verrückt war«, hat den sauberen
Tod gewählt, den Tod, der sie physisch nicht verunstaltet. Nach Hunderten von Proben wird das Stück aufge-
führt:

> Sicher wisst ihr, dass jeder seinen Tod hat,
> seinen eigenen Tod,
> der ihn erwartet.
> Darum gehe ich jetzt
> ohne Alter und Krankheit,
> unbeherrscht, aber gewissenhaft ...

Kay Swift

1897–1993

Als sie einmal um eine kurze Selbstdarstellung gebeten wurde, sagte sie: »Kann in wenigen Stunden ein Lied über jedes beliebige Thema komponieren, von Heuschrecken bis zu Galoschen. Hat ein Appartement in der 52. Straße, das ganz mit Zebrafellen ausgelegt ist … Hält es keine Minute lang aus, ohne etwas zu tun. Arbeitet achtzehn Stunden ohne Unterbrechung, wirft sich dann in Schale und geht in irgendein Lokal, um zu ihrer eigenen Musik zu tanzen.« In die Geschichte ist sie als die große Liebe von George Gershwin eingegangen. Doch bevor sie zehn Jahre lang seine Muse war und eng mit ihm zusammenarbeitete, war sie vor allem eine herausragende Gestalt der amerikanischen Musik des frühen 20. Jahrhunderts. Nach einer gründlichen klassischen Musikausbildung wandte sie sich populäreren Genres zu, wurde die erste Frau, die ein Broadway-Musical komponierte, und lebte neben ihrer Arbeit als Musikerin ein erfülltes Leben: drei Ehemänner, drei Töchter, eine große Liebe, ein erfolgreicher Roman und eine Ranch in Oregon. Eine ihrer Töchter fasst es in einem Interview so zusammen: »Meine Mutter hatte weit mehr Talent, als sie zeigen konnte. Sie war zu sehr damit beschäftigt, zu leben. Bis zu ihrem Tod hat sie immer genau das getan, was sie wollte.«

Sie wurde 1897 in eine Familie geboren, in der Musik die Hauptrolle spielte. Der Vater war Musikkritiker, abends spielte er mit seiner Frau vierhändig Klavier. Kay Swifts Talent zeigte sich sehr früh, sie musizierte schon, bevor sie eingeschult wurde. Ihre musikalische Ausbildung war umfassend. Klavier lernte sie bei Bertha Tapper, Komposition bei Charles Loeffler und Tanz bei Ruth St. Denis. Oft ärgerte sie die Lehrer, weil sie gerne eigene Variationen in die Stücke einbaute, die ihr zum Üben aufgegeben waren.

1914 stirbt ihr Vater unerwartet an den Komplikationen einer Operation. Für Kay ist das ein furchtbarer Schlag. Später erinnert sie sich: »Nach seinem Tod konnte ich ihn noch wochenlang jeden Abend ›Aases Tod‹ aus Griegs *Peer Gynt* spielen hören. Ich weiß noch, wie unerträglich traurig das war.« Ein paar Jahre später lernt sie James Warburg kennen, den Erben der reichen Bankiers M. M. Warburg & Company. James soll die Bankgeschäfte übernehmen, aber er möchte lieber Dichter werden, und es reizt ihn, die väterliche Autorität herauszufordern. Kay, die weder Jüdin noch reich ist, gefällt ihm auf Anhieb. Sie heiraten 1918 und bekommen drei Töchter: im Jahr 1919 April, 1922 Andrea und 1924 Kay.

Auch als verheiratete Frau setzt Kay Swift ihr Musikstudium fort und gibt weiterhin Konzerte. Das große Haus der beiden in New York steht Freunden jederzeit offen. Einer von ihnen erinnert sich: »Jimmy und Kay gaben legendäre, rauschende Feste, der Alkohol floss in Strömen, und um die zwei Flügel im Salon versammelten sich viele Gäste. Die beiden waren eines der beliebtesten Paare ihrer Zeit. Kay – eitel, kindisch, geistreich, entzückend – war die schöne ›garçonne‹ und brachte den Gästen unglaublich geschickt bei, wie man Charleston tanzt.« Ihr Liebesleben gestalten sie als modernes Paar, das sich Seitensprünge gegenseitig nachsieht. Dann verändert die Begegnung mit George Gershwin alles.

Gershwin ist ganz anders als Kay. Er stammt aus einer Familie russischer Einwanderer, ist ein genialer Autodidakt und leidet unter seiner bescheidenen Herkunft. Mit seinem Bruder Ira hat er sich eine solide Karriere aufgebaut, und nach *Rhapsody in Blue*, das er 1924 komponiert, ist der Durchbruch geschafft. Gershwin ist häufig zu Gast bei Kay Swift und wird auch von ihrem Mann geschätzt, der ihn in seinen Memoiren so beschreibt: »Er wollte buchstäblich alles lernen und ausprobieren, was er während seiner Kindheit in der Lower East Side von Manhattan versäumt hatte. Er wollte reiten lernen, wissen, wo man die richtigen Anzüge kauft und wann man sie trägt – und vor allem wollte er von Kay die Techniken der Orchestrierung lernen. Stundenlang saß er am Klavier und probte mit ansteckender Begeisterung eine neue Melodie oder einen Rhythmus, während Kay ihm die passenden Harmonien dazu schrieb.«

Vom ersten Augenblick an ist die gegenseitige An-
ziehung zwischen George Gershwin und Kay Swift zu
spüren. Sie findet ihn elektrisierend: »Er geht ganz in
seiner Musik auf.« Er bewundert ihre perfekte musik-
theoretische Bildung. Es ist Gershwin, der – statt ihres
Taufnamens Katharine – das Kürzel Kay für sie prägt,
das zu ihrem Künstlernamen werden wird. Er widmet
ihr das Musical *Oh, Kay!* und viele Songs. Das macht
er bei allen seinen Frauen, doch im Unterschied zu den
anderen ist Kay Musikerin und kann ihn verstehen. Sie
werden unzertrennlich, musizieren und arbeiten zusammen. Sie lehrt ihn Orchestrierung und Kontrapunk-
tik, aber sie bringt ihm auch bei, wie man in der Gesellschaft auftritt. Er sorgt dafür, dass sie die populäre
Musik entdeckt, geht mit ihr in die Musicals am Broadway und in die Lokale nach Harlem, wo Jazz gespielt
wird.

Kay Swift nimmt ihre Kompositionstätigkeit wieder
auf und beginnt, Blues, Jazz und Ragtime mit klassischer
Musik zu mischen. Auf Empfehlung von Gershwin lässt
sie sich als Aushilfspianistin bei einer Musicalproduk-
tion anstellen. In Zusammenarbeit mit ihrem Mann, der
unter dem Pseudonym Paul James die Texte schreibt,
entstehen viele Musikstücke für das Theater. Der größte
Erfolg ihrer Gemeinschaftsproduktion ist 1929 der
Song *Can't We Be Friends*, gesungen von Libby Holman und später wieder aufgenommen von großen Stars
wie Frank Sinatra, Ella Fitzgerald und Bing Crosby.
Ihre Ehe ist am Ende, aber ihre künstlerische Zusam-

menarbeit ist ertragreich wie nie zuvor. »Manche Paare machen ein Kind, wenn es in der Beziehung kriselt. Meine Großeltern haben ein Broadway-Musical geschrieben«, wird eine Enkelin später erzählen. Ihr Musical *Fine and Dandy*, das erste, dessen Musik ausschließlich von einer Frau geschrieben wurde, kam 1930 am Broadway heraus und war ein Riesenerfolg.

Das hätte der Beginn einer glänzenden gemeinsamen Karriere sein können, aber Kay Swift entscheidet sich für ihre Verbindung mit Gershwin. 1934 reicht sie die Scheidung ein, was das Ende der Zusammenarbeit mit ihrem Mann bedeutet. Sie überlässt ihm auch das Sorgerecht für die drei Töchter. Die Entscheidung fällt ihr nicht leicht, aber sie ist es gewohnt, klare Verhältnisse zu schaffen: »Es war mir unangenehm, in einen anderen verliebt zu sein, solange ich noch verheiratet war.« Zehn Jahre lang ist sie die Lebensgefährtin und engste Mitarbeiterin von George Gershwin, sie arbeitet immer an seiner Seite. Im Archiv des Musikers befinden sich viele von Kay geschriebene Partituren. Einer der Biografen Gershwins erzählt: »Kay kümmerte sich mit einer Fürsorge um ihn, die aus zärtlicher Zuneigung erwuchs. Und er war kurz davor, sich wirklich in sie zu verlieben – was ihm noch bei keiner anderen passiert war.« Gershwin spricht oft von Heirat, kann sich aber nie dazu durchringen. Sein Bruder Ira erklärt das so: »Kay hatte all das, was George wollte, aber sie hatte auch etwas, was George nicht wollte: Kinder.« Wenn sie gerade nicht damit beschäftigt ist, Gershwin zu helfen, arbeitet Kay Swift als Bühnenmusikerin an der Radio City Music Hall in New York. Hin und wieder komponiert sie ein Stück. Sie schreibt zum Beispiel die Musik zu *Alma Mater*, dem ersten Ballett, das George Balanchine nach seiner Ankunft in Amerika choreografierte.

1936 beschließen George und Ira Gershwin nach Hollywood zu gehen, um die Musik für einen Film mit Fred Astaire und Ginger Rogers zu schreiben. Kay verabschiedet sich am Flugplatz von ihnen. Weniger als ein Jahr später stirbt Gershwin überraschend an einem Hirntumor. Kay ist tief erschüttert, aber sie schaut nach vorn, wie sie es immer getan hat. Da sie jetzt allein ist, beschließt sie, ein neues Leben anzufangen. Während der Arbeit als musikalische Leiterin der New York World's Fair von 1939 lernt sie Faye Hubbard kennen, einen Rodeochampion. Er ist jünger als sie, beleibt, polternd und ein fröhlicher Mensch. Kein Liebhaber könnte weniger zu ihr passen, er ist ganz und gar nicht gesellschaftsfähig. Trotzdem heiratet Kay ihn schon nach wenigen Wochen und zieht mit ihm nach Oregon auf eine Ranch. Ihre Freunde sind sprachlos, aber ihr gefällt die Vorstellung vom Aufbruch in den Westen. Sie will alles hinter sich lassen, außer der Musik, die auch im Oregon ihre Hauptbeschäftigung sein wird. Das Leben mit dem Mann, der für sie immer nur der »Cowboy« ist, inspiriert sie zu dem glänzenden autobiografischen Roman *Who Could Ask for Anything More?*. Das Buch, in dem sie die Unbilden einer Städterin im Wilden Westen beschreibt, kommt 1943 bei Simon and

Schuster heraus und ist ein Riesenerfolg. Sieben Jahre später wird es unter dem Titel *Never a Dull Moment* mit Irene Dunne und Fred Macmurray verfilmt. Die Filmmusik stammt von Kay Swift.

Die Ehe mit Hubbard ist kurz, aber heiter. Er ist neun Jahre jünger, behauptet, er habe sich jeden einzelnen Knochen im Leib mindestens einmal gebrochen, und ist ständig aufgedreht, manchmal auch zu sehr. Er trinkt viel, und sein Alkoholismus wird zum Scheitern ihrer Ehe führen. »Eine Frau, die ein bestimmtes Talent hat, kann zwei Dinge tun: entweder einen Mann heiraten, der das gleiche Talent hat und besser ist als sie, oder sich einen Mann suchen, der mit ihrem Talent nicht das Geringste anfangen kann«, resümiert Kay Swift Jahre später. Ein paar Jahre lang steht sie bei RKO Pictures unter Vertrag, wo sie als Filmmusikerin arbeitet, dann geht sie mit einem neuen Ehemann nach New York zurück. Auch Hunter Galloway ist jünger als sie, er wird ihr Assistent, während sie sich wieder dem Komponieren widmet.

Ihre Töchter sind inzwischen alle verheiratet, und die ersten Enkelkinder werden geboren. Als Mutter war Kay Swift nicht besonders fürsorglich, aber sie wird eine fantastische Großmutter. Für jedes Enkelkind (sieben im Ganzen) schreibt sie einen Song, dann fasst sie alle in einem Zyklus mit dem Titel *Reaching for the Brass Ring* zusammen, der 1953 vom Philadelphia Orchestra uraufgeführt wird. Ganze Nachmittage lang spielt sie mit ihren Enkeln Karten und weint hemmungslos, wenn sie verliert. Sie arbeitet immer noch sehr viel, doch das musikalische Umfeld verändert sich rasch, und Elvis Presley entfaltet gerade eine durchschlagende Wirkung auf die populäre amerikanische Musik.

1968 lässt sie sich auch von Galloway scheiden, doch an keinen ihrer Ehemänner denkt sie mit Groll zurück: »Ich habe sie alle geliebt, und solange es hielt, war es schön.« Sie wird allein alt, ohne einen Funken ihrer Energie und ihrer Eitelkeit zu verlieren. So hat sie zum Beispiel nie eine Brille getragen, obwohl sie sehr schlecht sieht: »Keine Frau, die älter ist als fünfzehn, sollte eine Brille tragen. In dem Alter hat sie bereits alles gesehen, was sich zu sehen lohnt.« Sie ist immer noch hochelegant, und in keinem Zimmer ihres Hauses fehlen je frische Blumen. Sie komponiert, gibt Kurse und hält Vorträge, sie reist und arbeitet lange an einer geplanten Autobiografie, die allerdings niemals gedruckt wird.

Sie ist keine Feministin, aber wenn sie über ihr Leben nachdenkt, beschönigt sie nichts: »Ich glaube, dass Frauen ihre Talente zu oft verkümmern lassen, weil sie zu sehr dazu neigen, sich an romantische Träumereien zu klammern. Ich weiß das, weil es auch mir passiert ist. Abgesehen davon haben wir jedoch alle die freie Wahl. Es ist nicht schlimm, wenn man es nicht schafft, die Große Amerikanische Symphonie zu komponieren oder den Großen Amerikanischen Roman zu schreiben. Entscheidet man sich aber, es zu versuchen, sollte man wissen, was man tut.« Und weiter: »Auch wenn die Suche nach der romantischen Liebe nur im Kopf stattfindet – ja vielleicht vor allem dann, wenn sie nur im Kopf stattfindet –, kostet sie enorm viel Zeit und Kraft.«

Bis an ihr Lebensende im Jahr 1993 komponiert sie. Sie bewahrt das Andenken Gershwins, indem sie an Dokumentationen und Filmen über ihn mitarbeitet und in Interviews mit ihrer notorisch scharfen Zunge antwortet. »Ist Gershwin die Liebe Ihres Lebens gewesen?«, fragte sie ein Journalist, und sie antwortete: »Nun, ich war wohl eher seine!« Und einem anderen, der ausrief: »Sie müssen ein unglaublich interessantes Leben gehabt haben!«, entgegnete sie: »Das habe ich immer noch.«

Tasha Tudor

1915–2008

Fast ein Jahrhundert lang hat sie gelebt, um zuletzt eine lebende Legende zu werden, eine perfekte Ikone des amerikanischen Old Style. Jeder Winkel ihres Cottages in Vermont, das ihr ältester Sohn nach einem Modell aus dem 19. Jahrhundert baute, ist fotografiert worden. Ihre Küche, ihr Garten, ihre Korbmöbel, ihre Puppen, ihre Kerzen – alles wurde zu ihrem unverwechselbaren Stil. Bis 1992 war sie »nur« eine sehr erfolgreiche Kinderbuchillustratorin, die mit einer immensen Liste an Titeln aufwarten konnte und einem, gelinde gesagt, exzentrischen Lebensstil frönte. Dann öffnete ein prächtiger Bildband – *The Private World of Tasha Tudor* – den Lesern die Türen zu ihrem Haus und verwandelte sie in eine öffentliche Person. Seither war jedes neue Buch, das von ihrem Lebensstil erzählte, ein Riesenerfolg.

Sie regierte über ein enormes Marketingimperium aus Büchern, Zeichnungen, Puppen und Rezepten bis hin zu Gesichtscremes und Teesorten, doch auf ihre Privatsphäre hat sie nie verzichtet. Interviews verweigerte sie, ihre Adresse durfte nicht bekannt gegeben werden. Sie lebte zurückgezogen in ihrem Cottage, wo alles seit jeher in einer idealen Vergangenheit stehen geblieben war und jeder Gegenstand von Hand gefertigt wurde, von den Kleidern bis

zum Brot, von den Weidekörben bis zu den Bienenwachs-
kerzen. Die einzigen Zugeständnisse an moderne Zeiten
waren Elektrizität und Telefon, außerdem ein klappriger
alter Volvo aus zweiter Hand. Sie lebte allein, obwohl es
im Haus sehr viel zu tun gab. Wenn sie nicht zeichnend
am großen Küchentisch saß, kümmerte sie sich um die
Ziegen, die Hühner und Hunde – alles Corgis, eine kleine
englische Hunderasse, die sie geliebt und zu deren Ein-
führung in die USA sie beigetragen hat, indem sie ihnen
ein schönes Buch widmete: *Gorgiville Fair*. Arbeit gab es
vor allem im Garten, dessen Öffnung für das Publikum sie
immer abgelehnt hat, obwohl er einer der schönsten Gärten Amerikas sein soll.

Sie war eine kleine Frau mit einer feenhaften Ausstrahlung. Alle Kleider, die sie trug – weite Röcke im Patch-
workstil, Spitzenkragen, wollene Schals –, hatte sie selbst
gemacht. Um die zu einem Knoten gebundenen grauen
Haare legte sie immer ein geblümtes Tuch. Sie ging gerne
barfuß, besonders im Garten. Sieht man Fotos von ihr,
fallen einem die Pioniere der *Mayflower* ein. Tatsächlich
stammten ihre Eltern von zwei der ältesten Familien Neuenglands ab, und die Freunde, die im Haus der Großeltern
verkehrten, hießen Ralph Waldo Emerson, Henry David
Thoreau, Mark Twain und Louisa May Alcott.

Ihr Vater, William Starling Burgess, war ein berühmter
Schiffbauer. Die drei Segelboote, die er entwarf, siegten
alle im America's Cup. Die Mutter, Rosamund Tudor, eine
talentierte Malerin, wurde nach ihrer Scheidung in der
kleinen Bohemewelt von Greenwich Village sehr bekannt.

Tasha, die ihren Namen zu Ehren der Heldin von *Krieg und Frieden* erhielt und sich später aus Liebe zur Mutter Tudor nannte, wuchs zwischen Tanten und Freunden der Familie in einer Atmosphäre kindlichen Staunens und immer neuer Erfindungen auf. Eine Zeit lang studierte sie an der Kunstakademie von Boston, doch im Grunde war sie Autodidaktin und vor allem von ihrer fantasievollen Mutter beeinflusst. »Ich erinnere mich an ihre märchenhaften Puppenhäuser, an ihre lustigen Tricks. Wenn ich ein Bad nahm, malte sie mir ein Gesicht auf den Bauch, und ich konnte mit meinen Muskeln Grimassen ziehen.« Eine wichtige Rolle in ihrer Kindheit spielten außerdem antiquarische Bücher.

Schon bald beschloss sie, dass sie in einer anderen Zeit leben wollte, dem 19. Jahrhundert, und begann, Puppen, Kaninchen, Mäuschen und Blumen in einem Stil zu zeichnen, der direkt auf die englische Schule von Beatrix Potter zurückging. 1938 wurde diese Leidenschaft zu einem Beruf, was sie einem Verleger zu verdanken hatte, der an sie glaubte und sie zu einer der berühmtesten Kinderbuchzeichnerinnen Amerikas machte. Von *Pumpkin Moonshine*, *The Doll's Christmas*, *A is for Annabelle* und *Take Joy* bis hin zu den Werken anderer Autoren, wie *Mother Goose* und *The Secret Garden*, die sie wunderschön illustrierte, haben ihre Bücher ganze Generationen amerikanischer Kinder geprägt. Ihre Blumen, ihre Gärten, ihre Holzhäuschen, ihre Mäuse und Kaninchen – in Zeiten großen Arbeitsdrucks, erzählt sie, habe sie Dutzende tiefgefrorener Kaninchen in einer großen Kühltruhe im Keller gelagert, um sie als Modelle benutzen zu können –, vor allem aber ihre Kinder, pausbäckige, kraushaarige Engelchen, sind allesamt zu Klassikern geworden, die man in jedem Staat in Amerika auf Büchern, Kalendern, Postern und Glückwunschkarten findet.

Für die Kinderbilder standen ihr fast immer die eigenen vier Kinder Modell. »Ich musste lernen, schnell zu zeichnen, weil sie wenig Geduld hatten«, erzählte sie. »Es hat viel Freude gemacht, Bethany zu zeichnen. Und auch Efner, die immer unsere Prinzessin war. Seth konnte stundenlang stillstehen. Tom dagegen war zu lebhaft, er machte immer Unfug, während ich ihn zeichnete.« Die vier Kinder, die sie in unzähligen Zeichnungen und den Illustrationen ihrer Bücher in einer anrührend schönen, immerwährenden Kindheit verewigt hat, sind für Tasha Tudor auch eine Inspirationsquelle gewesen. In dem Haus, wo sie aufgewachsen sind – einem großen Cottage in New Hampshire, mit siebzehn Zimmern und einem vierhundertfünfzig Hektar großen Garten –, wurde gelebt wie in ihren Büchern, so wie umgekehrt ihre Bücher hier zum Leben erwachten. Man veranstaltete Theatervorstellungen und aß selbstgemachte Süßigkeiten, es wurden Briefe an die Puppen geschrieben, das Wasser wurde aus dem Garten geholt, und abends zündete man Petroleumlampen an. Es gab weder Radio noch Fernsehen im Haus. (»Das Fernsehen zerstört die Fantasie der Kinder. Man sollte es aus dem Fenster werfen«, sagte sie.) Ihre Kinder waren vielleicht ein wenig eigenartig, aber sie haben sich ausgezeichnet entwickelt, und es verwundert nicht, dass zwei von

ihnen, die Mädchen Bethany und Efner, großartige Zeichnerinnen geworden sind. Über ihre Kinder sprach Tasha
Tudor viel lieber als über ihren Mann, Tom McCready,
von dem sie sich früh scheiden ließ.

Als die Kinder erwachsen sind, zieht Tasha Tudor nach
Vermont um, ihre antiken Möbel und Blumen im Gepäck.
»Ich habe alle meine Pfingstrosen mitgenommen. Und auch
sämtliche Rhododendren«, erinnerte sie sich. Sie schien
jede einzelne ihrer Pflanzen zu kennen. In ihrem Garten,
erklärte sie einem verblüfften Journalisten bei einem Interview, gebe es Asphodelien, die über dreißig Jahre alt sind.
Als perfekte Gärtnerin und Nachfahrin angesehener Gärtner – einer ihrer begabtesten Onkel wurde von allen staatlichen Gartenbauwettbewerben ausgeschlossen, weil er
schon zu viele Preise gewonnen hatte –, zitierte sie gerne
ein altes Sprichwort: »Wenn du zehn Tage lang glücklich sein willst, schlachte ein Schwein und iss es. Wenn
du sechs Monate lang glücklich sein willst, heirate. Wenn
du aber für den Rest deines Lebens glücklich sein willst,
werde Gärtner.«

Der Garten dient ihr zum Leben und zum Arbeiten.
Aus Waldfrüchten macht sie Marmelade, mit den Gemüsen kocht sie Suppen, und die Blumen stellt sie zu Bouquets zusammen, die das Haus schmücken und auf zarten
Aquarellen die Seiten ihrer Bücher umrahmen. Sie liebt
den Garten zu jeder Jahreszeit, auch im Winter, wenn alles
von Schnee bedeckt ist – »er sieht aus wie ein handgewebter Teppich« –, und im Herbst, wenn die Farben der
Blumen kräftiger leuchten als sonst – »sie wissen, dass sie

sterben müssen, und tragen ihre schönsten Kleider«. In
ihrem Gemüsegarten gedeihen die Pflanzen so üppig, dass
es eine Wonne ist, und alle sind ohne Pestizide gewachsen. »Ich gebe nichts an die Pflanzen. Ich säe einfach nur
sehr viele aus, dann wächst das, was nicht gegessen wird,
weiter«, erklärt sie. Im Keller stapeln sich die Kisten mit
Kartoffeln. Karotten, Knollen roter Beete und Rüben liegen ordentlich aufgereiht auf einer Sandschicht. Birnen
und Äpfel häufen sich in einem großen Korb, sie erntet sie
noch ein wenig unreif und lässt sie in der Wärme ruhen.

Jedes Mal, wenn die Verleger einen Fotografen zu ihr
schickten, damit er Fotos für ein neues Buch machte,
stellte sie sich widerspruchslos in Pose. Dann bereitete
sie vor dem Objektiv der Kamera in einem großen Kes-
sel über dem Feuer Kerzen zu, nähte Steppdecken, webte
Kleider am Webstuhl, band Weidenkörbe, backte Ing-
werplätzchen, stellte Schnittblumen in Vasen, schmückte
einen ihrer legendären Weihnachtsbäume, modellierte
Tongefäße, die sie später in zarten Blautönen lackieren
würde, und nähte Kleider für ihre selbstgemachten Puppen, die im Laufe der Jahre heranwuchsen, sich neue Häuser bauten und heirateten. An einer dieser Hochzeiten, die
im Garten gefeiert wurden, hat einmal ein Fotograf des
Magazins *Life* teilgenommen: Er sollte eine Reportage
über sie machen.

Alles um sie herum wirkte wie eine Welt im Miniatur-
format. Winzig, perfekt und für immer versiegelt in einem
Zustand der Gnade. Tatsächlich hat Tasha Tudor, auch
wenn sie fast hundert Jahre alt geworden ist, ihre Klein-

mädchenwelt nie verlassen. Ihre Träume von damals –
winzige Glückwunschkärtchen basteln, die ein Stoffkanin-
chen den Freunden überbringt, eine kleine Familie aus
Pfefferkuchenmännchen backen oder ein erfundenes *Mo-
nopoly* mit kleinen Holzhäusern und blühenden Gärten
bauen – haben sich nicht verflüchtigt, weil sie alle Wahrheit geworden sind. Der Lieblingssatz ihrer Mutter – »Ge-
brauche deine Fantasie!« – ist zum einzigen Motto ihres
Lebens geworden. Und das Puppenhaus hat sich ausge-
dehnt, bis es ihr eigenes wurde.

Mae West

1893–1980

»Was ich niemals tun werde:

1. Einer anderen Frau den Mann ausspannen. Nicht absichtlich, meine ich …
2. Jemals so tun, als sei ich jemand anderes, als ich wirklich bin, weder öffentlich noch privat, außer auf der Bühne oder am Set …
3. Kochen, Nähen, Geschirr abwaschen, Kartoffeln schälen, Zwiebeln essen, an den Fingernägeln kauen.
4. Weiße Strümpfe tragen oder Mitglied in einer Nudistenkolonie sein.
5. Die Oper lieben, die Zahl dreizehn, das Jodeln, kalte Spaghetti, Mäuse, Schlangen, Männer, die sich den Nacken ausrasieren, und überreife Bananen.
6. Mir Sorgen machen wegen Leuten, die in Umkleidekabinen pfeifen, oder wegen astronomischer Rechnungen.
7. Mutterrollen spielen, traurige oder dumme Rollen, Rollen von tugendhaften oder betrogenen Ehefrauen und solche Sachen. Schwache Frauen tun mir leid, egal, ob sie gut oder böse sind, aber ich

mag sie nicht. Eine Frau sollte stark sein, sowohl in der Gutherzigkeit als auch in der Bösartigkeit.

8. Durchdrehen wegen klassischer Musik, Brötchen, Zigarrenrauch, Orte, die nach Krankenhaus riechen und schwarzem Nagellack.

9. Mich für Nachtklubs begeistern … für die Börse, Badminton und Cremes zur Busenstraffung.

10. In Entzücken geraten über Orchideen, anonyme Liebesbriefe, Souveniransichtskarten, Erdbeben, Armbänder in Form von Sklavenketten oder Betten mit harter Matratze.

11. Mich von einem schottischen Wucherer oder von einem Mann, der durch die Zähne lispelt, belästigen lassen.

12. Schlecht über jemanden denken, ohne konkrete Beweise zu haben, oder glauben, dass es sinnlos ist, gegen das sogenannte Schicksal anzukämpfen – diesen Schwindler!

13. Gehen, wenn ich sitzen könnte, oder sitzen, wenn ich liegen könnte. Ich denke, ich muss mir meine Kräfte für wichtige Dinge aufsparen.

14. Eine Geschichte schreiben, die nicht bösartig ist, denn ich bin überzeugt, dass Naivität nicht zu denen passt, die sich naiv geben.

15. Einen Mann heiraten, der zu schön ist, einen Mann, der zu viel trinkt oder Alkohol nicht wie ein Gentleman verträgt, einen Mann, der leicht zu erobern ist, der leicht ein Opfer von Versuchungen wird – es sei denn, ich selbst bestimme die Spielregeln.«

Dies gehört zu den vielen undatierten Aufzeichnungen aus dem Archiv von Mae West, einer beeindruckenden Masse verstreuter Notizen, langer Listen und vollgeschriebener Kladden, die beweist, dass die amerikanische Königin der Schlagfertigkeit in Wirklichkeit eine Perfektionistin war, die mit allergrößter Sorgfalt an ihren Texten feilte und sie im Lauf der Zeit immer weiter verbesserte. Unter ihren Papieren befinden sich Erzählungen, Komödien, Drehbücher und Sammlungen mit unzähligen witzigen Bemerkungen – Bonmots über Männer, über Frauen, über Sex, über die Ehe, über den Körper –, die zeigen, dass alles an ihrem Image als freches Mädchen mit scharfer Zunge sich harter, systematischer Arbeit verdankte. Mae West, die einzige Frau ihrer Zeit, die alle ihre Bühnenstücke und einen Großteil ihrer Filme selbst schrieb, inszenierte und spielte, war als Figur ausschließlich dem Erfindungsreichtum von Mae West selbst entsprungen. Ein Kritiker sagte über sie: »Mae West muss man wenigstens einmal gesehen haben, wie Chinatown und das Grab von Cary Grant.«

Unzerstörbar wie eine Comicfigur, hat sie erst den Broadway und dann Hollywood revolutioniert. Sie hat zwei Weltkriege überstanden, von denen sie sich nicht den Mund verbieten ließ (»Kriege sind eine einzige Verschwendung. Ich hasse es, wenn etwas verschwendet wird, vor allem Männer.«), doch sie akzeptierte auch die Hommage der Royal Air Force, die ihre aufblasbaren Schwimmwesten *Mae West* taufte. Wie alle großen Le-

genden hat sie die Wahrheit über ihr Leben geheim gehalten. Von der echten Mae West ist wenig bekannt, vor
allem, wenn man versucht, zu den Anfängen ihrer Karriere zurückzugehen.

Fest steht, dass sie am 17. August 1893 in Brooklyn
geboren wurde, obwohl sie ihr wahres Alter immer verleugnet hat, indem sie behauptete, sie sei 1900 geboren.
Man weiß, dass ihr Vater ein irischer Boxer war, der
die unterschiedlichsten Jobs annahm, nachdem er die
Boxhandschuhe an den Nagel gehängt hatte, vom Taxi-
fahrer bis zum Türsteher. Und dass die deutschstäm-
mige Mutter die Erste war, die an ihr Talent glaubte
und dafür mit einer totalen Hingabe von ihrer Tochter belohnt wurde, die bis zum Tod der Mutter im Jahr
1930 bei ihr lebte. Schon als Siebenjährige stand Mae
West auf der Bühne: »Ich hörte den Applaus und begriff, dass ich niemals mehr woanders sein wollte«, erinnert sie sich, als sie viele Jahre später über ihr Debüt
spricht. Teils nimmt sie Unterricht, teils lernt sie bei der
Arbeit: Gesang, Tanz, Schauspielerei. Sie ist verrückt
nach der Musik und den Tänzen der Schwarzen, vor
allem den anstößigsten wie dem Shimmy oder dem
Booze. Es sind die goldenen Jahre des Vaudeville. Mary
Jane West, die sich schon bald Mae West nennt, kann
alles, singt immer lauter als die anderen und tanzt wie
vom Teufel besessen.

Den Sex entdeckt sie sehr früh, mit dreizehn, und erkennt sofort, dass sie aus dieser Neuigkeit – wenn sie
im Mittelpunkt ihrer Schauspielkunst steht – eine Waffe

machen kann, mit der sich die Welt erobern lässt. Über ihre verfrühten Erfahrungen wird sie alles Mögliche erzählen. Mal schiebt sie die Verantwortung einem Tanzlehrer, mal einem pensionierten alten Schauspieler in die Schuhe. Heute würde man vom Missbrauch Minderjähriger sprechen, doch Mae West deutet das anders, und wenn sie traumatisiert gewesen sein sollte, tut sie jedenfalls so, als könnte sie sich nicht erinnern: »Ich war nicht erschrocken. Wovor um alles in der Welt hätte ich denn erschrecken sollen?«

Mit siebzehn heiratet sie unerklärlicherweise einen Schauspielerkollegen mit Namen Frank Wallace. Zu dem Zeitpunkt, 1911, ist Mae West gerade in Milwaukee auf einer Tournee. Sie bereut ihren Schritt so umgehend, dass sie Wallace schwören lässt, die Sache geheim zu halten, und als die Tournee vorbei ist, verlässt sie ihn, um zu ihrer Mutter zurückzukehren. Über diese Episode ist nicht viel bekannt. Einige Biografen vermuten, dass sie befürchtete, schwanger zu sein, und sich schleunigst von ihrem Mann befreite, als sie erkannte, dass es nur falscher Alarm war. Fest steht, dass ihr dergleichen Anwandlungen fortan nie mehr kommen werden: »Die Ehe ist eine Karriere, und zwei verschiedene Karrieren sollte man nicht vermischen«, erklärt sie. Wallace wiederum bleibt seinem Schwur fünfundzwanzig Jahre treu, um sich erst wieder zu melden, als sie reich und berühmt ist. Sein unverhofftes Erscheinen ärgert sie vor allem deswegen, weil sie dadurch gezwungen ist, ihr wahres Alter preiszugeben.

Fragt man sie nach ihren Liebhabern, zeigt sie sich nie besonders gesprächig. Der Ausdauerndste ist ein irischer Anwalt, James Timony, dem es gelingt, später zu ihrem Manager und Freund zu werden. Der Muskulöseste ist der Bodybuilder Paul Novak, der während der letzten Jahre an ihrer Seite sein wird. Der Gefährlichste ist der Gangster Owney Madden, Besitzer des Cotton Club. Sie hält es für unnötig, eine Liste zu führen. (»An seinen Namen erinnere ich mich nicht«, sagt sie über einen Mann, »aber einen Körper vergesse ich nie.«) Aber sie betont, dass keiner ihrer Liebhaber jemals die Erlaubnis bekommen hat, die Nacht über zu bleiben, denn wenn sie schläft, möchte sie das ganze Bett für sich allein haben.

Nach recht obskuren Jahren, die sie damit verbringt, durch die Theater halb Amerikas zu tingeln, beschließt sie, etwas Neues zu wagen, und schreibt ihre erste große Komödie. *Sex* ist die Geschichte einer selbstbewussten Prostituierten, die ihre Geschäfte wie ein Mann abwickelt: »Der Matrose Dan aus Kansas, der Matrose Dan aus Kansas …«, murmelt sie, während sie vor einer Kollegin, die sie beschuldigt, ihr den Kunden weggeschnappt zu haben, im Auftragsbuch blättert. »Ach ja, der Matrose Dan aus Kansas, Plattfüße, Asthma, ein Scheck, der von seiner Bank zurückgekommen ist, weißt du was, Schätzchen, ich schenke ihn dir, er gehört dir!« Das Stück wird 1926 am Broadway uraufgeführt, bringt die Spießer zur Weißglut und wird ein Kassenschlager. Im nächsten Jahr setzt Mae West mit *The Drag*, worin sie das Tabu der männlichen Homosexualität und des Transvestitismus angeht, noch einen drauf. Diesmal lässt die Polizei das Theater stürmen und verhaftet die gesamte Truppe. Doch statt sich einschüchtern zu lassen, ist sie begeistert, denn sie weiß, dass das alles kostenlose Werbung ist. Ihre zehn Tage Gefängnishaft sitzt sie gewissenhaft ab und füllt ganze Notizblöcke mit den deftigen Dialogen ihrer Zellengenossinnen.

Sie gehört zu den Ersten, die erkennen, dass das Kino die Zukunft ist – in ihrem Archiv findet sich eine Anleitung für Drehbuchschreiber aus dem Jahr 1915 –, aber sie muss auf den Tonfilm warten, damit sie das Kino mit ihrem losen Mundwerk erobern kann. Die verbleibende Zeit nutzt sie schnell noch, um einige erfolgreiche Stücke auf die Bühne zu bringen, darunter besonders *Diamond Lil*. Dann bricht sie nach Hollywood auf, in Samt und Seide gehüllt und mit Diamanten behängt, wie es ihrem Stil entspricht, der bald legendär werden wird. Sie liebt es, overdressed bis an die Grenze des Zumutbaren aufzutreten. Der zeitgenössische Stil der »garçonne« gefällt ihr gar nicht: »Die Mädchen wirken heute alle wie aus einem Guss: die gleiche Figur, schlank und sexy, die gleichen Strümpfe, die gleichen Hosen, der gleiche Haarschnitt und die gleichen Gedanken.« Sie möchte die Verkörperung männlicher Wünsche sein, und das gelingt ihr bestens. Darum wird sie, nachdem sie ein perfektes Sexsymbol war, im Alter zu einer Ikone der Schwulen und der Drag-Queens, die hingerissen sind von ihren Turbanen, ihren lackierten Fingernägeln und den platinblonden Haaren. Wer ihr vorwirft, sie habe mitten im Zeitalter der Frauenbefreiung Korsetts und Petticoats aus der Rumpelkammer geholt, bekommt zu hören: »Ich bin eben so modern, dass ich schon wieder altmodisch wirke.«

Sie hat eine heisere Stimme und makellose Zähne. Ihr Körper ist klein und wohlgeformt. Wirklich schön ist sie nicht, aber sie weiß sich zu bewegen und kleidet sich wie eine Göttin. Zuerst kommen die Strümpfe und der Hut, erklärt sie, dann der Rest. Sie glaubt fest an ihr Talent und verbannt jeden negativen Gedanken aus ihrem Kopf. Und sie spricht für ihr Leben gern mit Journalisten. Am Ende eines Interviews flüstert sie: »Das hat mir Spaß gemacht, Schatz. Ich spreche immer gerne über mich, komm wieder, wann du willst.«

Ihre frechen Sprüche sind fast alle in die Geschichte eingegangen. Manche sind schwer zu übersetzen. Der Satz »Come up and see me some time« (etwa: »Raff dich auf und komm mal wieder bei mir vorbei«), mit vielsagenden Blicken an einen Mann gerichtet, ist zu einem Markenzeichen geworden. Oder »A hard man is good to find«, die maliziöse Umkehrung von »A good man is hard to find«. Zu Hause hat sie eine Unmenge witziger Bemerkungen gehortet, mindestens zwanzigtausend werden noch heute, in Dutzenden Aktenordnern gesammelt, in ihrem Nachlass aufbewahrt. »Vor die Wahl zwischen zwei Übel gestellt, wähle ich immer das, was ich noch nicht ausprobiert habe.« Oder: »Liebe ist blind. Stimmt, aber sie hat einen hervorragenden Tastsinn.« Vielleicht der Beste ist: »Wenn ich gut bin, bin ich sehr gut, aber wenn ich schlecht bin, bin ich besser.« Der Bekannteste ist wahrscheinlich: »Ist das ein Revolver in deiner Hosentasche, oder freust du dich nur, mich zu sehen?«

Dreißig Jahre lang lebt sie in einem Haus, das sie selbst ganz in Weiß und Gold ausgestattet hat. Gesellschaft leistet ihr ein Äffchen mit Namen Bad Boy. Es ist in die Zeitungen gekommen, weil es sich eines Nachmittags die Musterkollektion eines Juweliers, der seine Ware vorführen wollte, in den Mund steckte. Dank des Eingreifens von Mae West, die das Tier kaltblütig wie immer an der Gurgel packte, während sie dem armen Juwelier zurief: »Nicht die Nerven verlieren, wenn er sie runterschluckt, bezahle ich alles«, hat er alle Steine wieder ausgespuckt.

Sie raucht nicht und trinkt nicht, nur große Gläser Milch, um sich ihr legendäres Lächeln zu erhalten. Seit jeher hegt sie eine Leidenschaft für Okkultismus und östliche Philosophien, geht aber jeden Tag zur Messe, um ihrem Manager, dem irischen Katholiken Timony, einen Gefallen zu tun. Sie umgibt sich mit spirituellen Führern und Geistheilern, veranstaltet gerne spiritistische Sitzungen und behauptet, sie könne mit den Toten sprechen. »Heute hat jeder seinen Guru, sogar die Beatles, aber ich habe schon 1927 damit angefangen«, wird sie Jahre später in einem Interview erklären.

Als sie 1932 in Hollywood ankommt, steht sie bei der Paramount unter Vertrag, die den großen Bühnenerfolg *Diamond Lil* in einen Film verwandeln will. In der Hauptstadt des Kinos wird sie noch heftiger mit der Zensur in Konflikt geraten. Um nicht in den Fängen der Behörden zu landen, haben die Filmstudios einen Kodex zur freiwilligen Selbstkontrolle ausgearbeitet, den berüchtigten Hayes-Kodex, der den Drehbuchautoren recht wenig Bewegungsspielraum lässt. Mae West beugt sich nur widerwillig. Jede Bearbeitung wird zum Kampf. Doch die Paramount verteidigt sie, weil ihre Filme samt und sonders große Erfolge sind. Bald ist sie die bestbezahlte Schauspielerin Amerikas, und überall erscheint ihr Bild. Es gibt Mae-West-Postkarten, Mae-West-Puppen und Mae-West-Imitatoren, die sie nur dann verklagt, wenn sie übertreiben. Als einzige Schauspielerin, die ein vertragliches Recht auf Einspruch gegen das Drehbuch hat, mischt sie sich in alles ein, vom Bühnenbild über die Regie bis zu den Kostümen.

Sie ist eine Perfektionistin und launenhaft, hält mit ihrer Meinung nie hinterm Berg, und in einer Männerwelt wie den Filmstudios ist sie eine Revolution. Auch die Figuren, die sie erschafft, sind auf ihre Weise alle Feministinnen: Prostituierte, Schauspielerinnen, Zirkusartistinnen – alles Frauen, die selbst über ihr Leben bestimmen wollen, statt es einem fürsorglichen Mann anzuvertrauen. Gegenüber der Produktionsgesellschaft setzt sie jede ihrer Launen durch, zum Beispiel auf das Double zu verzichten und selbst in einen Löwenkäfig zu gehen, etwas, wovon sie seit Jahren träumte: »Das hat mir wahrhaft biblische Gefühle verschafft. Jetzt weiß ich, was Jonas im Bauch des Walfischs und Daniel in der Löwengrube empfunden haben«, erzählt sie den Journalisten begeistert. »Außerdem habe ich etwas gelernt. Löwen haben alle Mundgeruch, aber ich glaube nicht, dass viele Leute ihnen nah genug kommen, um davon belästigt zu werden.«

In Hollywood ist sie eine Außenseiterin und stolz darauf. Ihr Image hat nichts mit der raffinierten Schönheit von Greta Garbo oder mit der zarten Ausstrahlung von Norma Shearer zu tun. Sie ist ein Mädchen aus dem Volk, das aus eigenen Kräften hochgekommen ist, und sie liebt die einfachen Freuden des Lebens. Einer ihrer Biografen erklärt, dass ihr Aufstieg mit Roosevelts New Deal zusammenfiel und ihr Bild in der Öffentlichkeit zu einem Amerika passte, das entschlossen war, sich von der Zeit der Depression zu erholen, indem es auf die eigenen Kräfte vertraute und hart arbeitete. Wer sie nach dem Geheimnis ihrer Diät fragt, erhält zur Antwort, ihr Lieblingsgericht sei Fleisch mit Kartoffeln. Jeden Freitagabend geht sie ins Olympic Auditorium, um sich Boxkämpfe anzusehen. Sie ist stolz auf ihren kleinen, drallen Körper voller Rundungen und Muskeln, den sie sich im Fitnesscenter mühsam antrainiert hat. Wenn sie mit der Venus von Milo verglichen wird, erwidert sie: »Aber ich habe Arme.«

Die arbeitsfreie Zeit verbringt sie mit Freunden und ihrer Familie: dem Manager Timony, ihrem Bruder John, einem Nichtstuer, dem sie einen Posten bei der Paramount verschaffen konnte, ihrer Schwes-

ter Beverly, einer Alkoholikerin, die ihr nur Probleme
machen wird, Boris Petroff, einem russischen Tanzlehrer, und vor allem Libby Taylor, ihrer schwarzen
Gouvernante, die in ihrer Jugend auch Schauspielerin
war. Von Liebschaften mit anderen Schauspielern ist
bei Mae West nichts bekannt. Sie geht sich ihre Männer lieber in anderen Kreisen suchen, meist in weniger
raffinierten. Und sie versucht, ihr Privatleben aus dem
Rampenlicht herauszuhalten. Als ihr Ehemann Frank
Wallace 1935 in Hollywood auftaucht, entschlossen,
sich einen Teil ihrer Reichtümer zu holen, verleugnet
sie ihn rundheraus: »Wenn ich einen Ehemann hätte,
wäre ich ja wohl die Erste, die das wüsste.« Vor Gericht
in die Enge getrieben, muss sie dann doch zugeben, die
Ehe geschlossen zu haben, aber es gelingt ihr, zu beweisen, dass sie niemals mit ihm zusammengelebt hat, und
nach kurzer Zeit erhält sie die Scheidung.

Als der Zweite Weltkrieg ausbricht, scheint ihre Karriere am Ende zu sein. Mae West ist mittlerweile fünfzig, und da sie geschworen hat, niemals Rollen von
Frauen anzunehmen, die älter sind als sechsundzwan-
zig, schwinden die Möglichkeiten, noch einmal vor
der Kamera zu stehen, zusehends dahin. Überdies weigert sich die Paramount, zermürbt von den Kämpfen
mit den Zensurbehörden und ihrer unzähligen Launen
überdrüssig, ihren Vertrag zu verlängern. Von nun an
wird sie Bücher schreiben, Platten aufnehmen, Theater
spielen und in Rundfunk- und Fernsehsendungen mit-
wirken, vor allem in Talkshows, wo sie dank ihrer spit-

zen Zunge unschlagbar ist. In den Siebzigerjahren, als
die meisten Menschen nicht einmal mehr wissen, dass
sie noch lebt, kehrt sie mit zwei skandalösen Filmen
ins Licht der Öffentlichkeit zurück: *Myra Breckinridge*
und *Sextette*. Den wenigen Journalisten, die noch Lust
haben, sie zu interviewen, erklärt sie, dass sie den Sex
nach Hollywood gebracht habe, nicht indem sie ihn
offen zeigte, weil ihr das verboten war, sondern indem
sie ihn mit ihren Witzen an den Pranger stellte: »Sex ist
etwas, über das man lachen können muss.«

Wenige Monate nach ihrem siebenundachtzigsten
Geburtstag erleidet sie einen Herzinfarkt und wird von
Paul Novak, der im Nebenzimmer schläft, ohnmächtig auf dem Fußboden gefunden. Im Krankenhaus erzählt sie den Reportern, sie sei wegen eines Traums aus
dem Bett gefallen. Ein schöner oder schlimmer Traum?,
fragen sie zurück und sind sich sicher, dass sie ihre Zu-
hörer auch diesmal nicht enttäuschen wird. »Schön.
Wie könnte ein Traum schlimm sein, in dem Burt Reynolds vorkommt?« Sie stirbt am 22. November 1980.

Bibliografische Hinweise

Für die biografischen Skizzen dieses Buches habe ich zahlreiche Bücher, Zeitungsartikel und Interviews gelesen. In der folgenden Bibliografie beschränke ich mich darauf, für jedes Porträt jeweils die Quelle anzugeben, der ich am meisten verdanke. Die Angaben beziehen sich auf die derzeit im Handel erhältlichen Ausgaben.

ABBOTT, BERENICE: George Sullivan, *Berenice Abbott. Photographer: an Independent Vision*, New York 2006

BENEDICT, RUTH: Hilary Lapsley, *Margeret Mead and Ruth Benedict. The Kinship of Women*, Amherst 1999 • Judith Schachter Modell, *Ruth Benedict. Patterns of a Life*, Philadelphia 1983

CARSON, RACHEL: Rachel Carson, *Silent Spring*, Boston 2002 (dt.: *Der stumme Frühling. Der Öko-Klassiker*, München 2007) • Linda Lear, *Rachel Carson. Witness for Nature*, New York 1998

CROSBY, CARESSE: Dominique de Saint Pern, *Les Amants du soleil noir. Harry et Caresse Crosby*, Paris 2005

DANDRIGE, DOROTHY: Donald Bogle, *Dorothy Dandrige. A Biography*, New York 1999

DOOLITTLE, HILDA: Jacob Korg, *Winter Love. Ezra Pound and H. D.*, Madison 2003

DRAPER, DOROTHY: Carleton Varney, *The Draper Touch*, New York 1988

EARHART, AMELIA: Doris L. Rich, *Amelia Earhart. A Biography*, Washington 1989

FISHER, MARY FRANCES KENNEDY: Jeannette Ferrary, *M. F. K. Fisher and Me. A Memoir of Food and Friendship*, New York 1998 • *A Welcoming Life. The M. F. K. Fisher Scrapbook*, hrsg. v. Domenique Gioia, Washington 1997 • *M. F. K. Fisher. A Life in Letters*, hrsg. v. Norah K. Barr, Marsha Moran u. Patrick Moran, Washington 1997

KEITH, SLIM: Slim Keith, *Slim. Memories of a Rich and Imperfect Life*, New York 1990

LANGE, DOROTHEA: Elizabeth Partridge, *Restless Spirit. The Life and Work of Dorothea Lange*, New York 1998 • *Dorothea Lange: Photographs of a Lifetime*, New York 1998 (dt.: *Ein Leben für die Fotografie*, Königswinter 2001)

MILLER, LEE: Carolyn Burke, *Lee Miller. A life*, New York 2005 • Antony Penrose, *The Lives of Lee Miller*, London 1995

NIVISON, JOSEPHINE: Vivien Green Fryd, *Art and the Crisis of Marriage. Edward Hopper and Georgia O'Keeffe*, Chicago 2002 • Gail Levin, *Edward Hopper. An Intimate Biography*, Berkeley 1998

PARISH, SISTER: Apple Parish Bartlett / Susan Bartlett Crater, *Sister. The Life of Legendary American Interior Decorator Mrs. Henry Parish II*, New York 2000

PARKER, DOROTHY: Marion Meade, *Dorothy Parker. What Fresh Hell is This?*, New York 1989

SANGER, MARGARET: Ellen Chesler, *Woman of Valor. Margaret Sanger and the Birth Control Movement in America*, New York 1992

SEXTON, ANNE: Diane Wood Middlebrook, *Anne Sexton. A Biography*, New York 1992 • Anne Sexton, *Selected Poems*, Boston 2000

SWIFT, KAY: Vicki Ohl, *Fine and dandy. The Life and Work of Kay Swift*, New Haven 2004

TUDOR, TASHA: Harry Davis, *The Art of Tasha Tudor*, Boston 2000 • Richard Brown / Tasha Tudor, *The Private World of Tasha Tudor*, Boston 1992

WEST, MAE: Marybeth Hamilton, *When I'm Bad, I'm Better*, New York 1995 • Jill Watts, *Mae West. An Icon in Black and White*, Oxford / New York 2001 • Simon Louvish, *Mae West. It Ain't No Sin*, London 2005

Personenregister

Abbott, Berenice 7–17
Alcott, Louisa May 226
Aldington, Richard 70f.
Alley, Kristie 168
Andrew, Prinz, Herzog von York 167
Armstrong, Louis 57f.
Astaire, Fred 218
Astor, Brooke 162
Atget, Eugène 11f.
Auden, W. H. 95

Bacall, Lauren 110
Balanchine, George 218
Barnes, Djuna 11
Basie, Count 58
Bateson, Gregory 25
Baxter, Warner 107
Beach, Sylvia 11
Belafonte, Harry 60
Benchley, Gertrude 180
Benchley, Robert 177, 180
Benedict, Ruth (geb. Fulton; Pseud. Anne Singleton) 19–27
Benedict, Stanley 22f.
Berry, John 63
Bigelow, Josephine 50f.
Bizet, Georges 61
Boas, Franz 23f.

Braque, Georges 80
Broccoli, Albert 108
Brunner, Yul 105
Bryant, Clora 59
Burgess, William Starling 226
Byrne, Ethel 192

Campbell, Alan 179, 181
Capote, Truman 105, 110
Capra, Robert 110
Carson, Maria 33f., 38
Carson, Marian 34f.
Carson, Rachel 29–42
Carson, Robert McLean 34, 36
Carson, Robert Warden 34
Carson, Roger Christie 38f.
Carter, Ben 56
Chanel, Coco 11
Churchill, Pamela 112
Churchill, Winston 112
Cocteau, Jean 127
Cole, Nat King 57
Cooper, Gary 105
Crane, Hart 48
Crosby, Bing 100, 216
Crosby, Caresse (geb. Mary Phelps Jacob) 43–52
Crosby, Harry 45–49, 51
Crowninshield, Constance 49
Crowninshield, Frank 49, 175

Dandridge, Dorothy (verh.
  Nicholas, Denison) **53–65**
Dandridge, Ruby 56, 58
Dandridge, Vivian 55, 58
Denison, Jack 63f.
DeRoche, Joseph 205
Dickey, James 206
Dickinson, Robert 196
Dixon, Daniel 119, 121, 124
Dixon, John 119, 121, 124
Dixon, Maynard 119
Dodge, Mabel 189
Doelger, Matilda 238f.
Doolittle, Charles 70
Doolittle, Helen 70
Doolittle, Hilda (Pseud.
  H. D.; verh. Aldington)
  67–73
Dostojewski, Fjodor Michai-
  lowitsch 14
Draper, Dorothy (geb. Tu-
  ckerman) **75–82**
Draper, George 77
Duchamp, Marcel 9
Dunne, Irene 219

Earhart, Amelia (verh. Put-
  nam) **83–92**
Eisenhower, Dwight D. 160
Ellerman, Annie Winifred
  (Pseud. Bryher; verh. MacAl-
  mon) 11, 72f.
Ellis, Havelock 194, 196
Eloui Bey, Aziz 132, 134,
  139
Emerson, Ralph Waldo 226
Ernst, Max 11

Faulkner, William 48
Ferguson, Sarah 166
Fisher, Al 97
Fisher, Anne 100f.
**Fisher, Mary Frances
  Kennedy** (geb. Kennedy;
  auch verh. Parrish, Friede)
  93–102
Fitzgerald, Ella 216
Fitzgerald, Scott 45
Fitzgerald, Zelda 45
Flanner, Janet 11
Freeman, Dorothy 37–39, 41
Freeman, Stan 37
Freud, Sigmund 73
Friede, Donald 101
Friede, Kennedy 101
Fulton, Beatrice 21
Fulton, Frederick 21f.

Gable, Clark 105, 111
Galloway, Hunter 219f.
Gandhi, Mahatma 197
Garbo, Greta 111, 245
Garland, Judy 62
Gellhorn, Martha (verh.
  Hemingway) 109
Gershwin, George 213,
  215–218, 221
Gershwin, Ira 215, 217f.
Gide, André 11
Goldstein, Jonah 192
Goodyear, Charles 187
Gordon, Slim 87
Grant, Cary 237
Gray, Cecil 71
Greco, El 151
Grieg, Edvard 214

Gross, Buddy   106
Gross, Dorothea   106
Guest, Lucy   80
Guggenheim, Peggy   11
Guinness, Gloria   110

Hadley, Albert   155f.
Hampton, Mark   165
Harvey, Mary Gray   202, 210
Harvey, Ralph Churchill   202
Haskin, Byron   59
Havel, Hippolyte   10
Hawks, Howard   106, 108,
  110f.
Hawks, Kitty   110
Hayward, Leland   105f., 111
Hearst, Marion   107
Hearst, William   107
Hecht, Anthony   206
Hemingway, Ernest   47f., 105,
  109f., 209
Hepburn, Audrey   62
Hepburn, Katharine   111, 195
Hepburn, Katharine Hough-
  ton   195
Higgins, Anne   186f.
Higgins, Michael   185, 187
Hirohito, Kaiser von Japan
  27
Holman, Libby   216
Hope, Bob   100
Hopper, Edward   145–151
Hubbard, Faye   218f.
Hughes, Ken   247
Huston, Virginia   59

Irvine, Keith   161

Johnson, Lyndon B.   185
Jones, Etta   57
Joyce, James   11

Keith, Kenneth   112
Keith, Slim (geb. Nancy
  Gross; auch verh. Hawks,
  Hayward) **103–113**
Kelly, Grace   62
Kennedy, Caroline   161f.
Kennedy, Jackie   159–161
Kennedy, John F.   160, 185
Kennedy, Rex   97
King, Martin Luther   181

Lang, Walter   62
Lange, Dorothy (verh.
  Dixon, Taylor) **115–124**
Laurencin, Marie   11
Lawford, Lady   61
Lawford, Peter   61
Lawrence, David Herbert   48,
  71
Lawrence, Frieda   71
Levy, Julien   128
Lincoln, Abraham   31
Lindbergh, Charles   86, 89
Loeffler, Charles   214
Lunn, Harry   16

MacAlmond, Perdita (geb.
  Doolittle)   71f.
MacAlmon, Robert   72
MacArthur, Douglas   27
Macmurray, Fred   219
Madden, Owney   240
Mark Twain   226
Marshall, George   219

Marx Brothers 80, 100
Masson, Thomas 177
Mayer, Gerald 60
McCarthy, Joseph 180
McCarthy, Mary 197
McCausland, Elizabeth 15f.
McCready, Tom 229
Mead, Margaret 21, 24f., 27
Mead, Mary Catherine 27
Mendelssohn Bartholdy, Felix
  39
Miller, Erik 140
Miller, Florence 133
Miller, Frances 129
Miller, Henry 51
Miller, Lee (eigtl. Elizabeth
  M.; auch Li Li M.; verh.
  Eloui, Penrose) **125–141**
Miller, Theodore 128, 130,
  133
Mills, Earl 61, 64
Miró, Joan 140
Monroe, Marilyn 63
Montparnasse, Kiki de 131
Moore, Phil 58–60
Murphy, Richard 45
Murphy, Sara 45

Nast, Condé 130
Nehru, Jawaharlal 197
Nicholas, Harold 57
Nicholas, Lynn 57f., 65
Niven, David 110
Nivison, Josephine (verh.
  Hopper) **143–151**
Noonan, Fred 90f.
Novak, Paul 240, 247

O'Keeffe, Anita 81
O'Keeffe, Giorgia 81
Orne, Martin 202

Paley, Babe 110
Paley, William 167
Parish, Henry II 156, 158
Parish, Sister (geb. Dorothy
  May Kinnicutt) **153–169**
Parker, Dorothy (geb. Roth-
  schild; auch verh. Campbell)
  171–181
Parker, Edwin Pond II 176
Parrish, Dillwyn (Timmy)
  98–100
Partridge, Rondal 121f.
Penn, Irving 36
Penrose, Antony 138f., 141
Penrose, Roland 133f., 136,
  138–141
Penrose, Rosalind 138
Perito, Jack 63
Petroff, Boris 246
Pfeiffer, Pauline (verh. He-
  mingway) 109
Picasso, Pablo 127, 136
Pincus, Gregory 185, 198
Plath, Sylvia 205
Portet, Lorenzo 193
Potter, Beatrix 227
Pound, Ezra 69–71, 73
Powell, William 107
Power, Tyrone 110
Preminger, Otto 55, 61–63
Presley, Elvis 220
Proust, Marcel 48
Putnam, George P. 86–88,
  90f.

Ray, Man 10f., 127, 131–133
Reed, John 191
Reynolds, Burt 247
Ribicoff, Abraham 31
Rogers, Ginger 218
Romanoff, Mike 108
Roosevelt, Eleanor 90, 197
Roosevelt, Theodore 118,
123, 245
Rossen, Robert 63
Rothschild, Dorothy 174
Rothschild, Eleanor 174
Rothschild, Eliza Annie 174
Rothschild, Jacob Henry
174f.

Sacco, Nicola 180
Sanger, Grant 188, 190
Sanger, Margaret (geb.
Higgins; auch verh. Slee)
183–198
Sanger, Peggy 188, 190f., 193,
198
Sanger, Stuart 188
Sanger, William 187f., 190f.,
193f.
Sarne, Michael 247
Scherman, David 134–137
Selincourt, Hugh de 194
Sexton, Alfred »Kayo« II
202–210
Sexton, Anne (geb. A. Gray
Harvey) **199–210**
Sexton, Joy 202, 204, 208, 210
Sexton, Linda 202, 204,
208–210
Shakespear, Dorothy (verh.
Pound) 70

Shakespeare, William 174f.
Shearer, Athole (verh. Hawks)
108
Shearer, Norma 108, 245
Sinatra, Frank 58, 216
Slee, Noah 195f.
Snook, Neta 85
Solidor, Suzy 132
St. Denis, Ruth 214
Starbuck, George 206
Steichen, Edward 127, 130f.,
181
Stevenson, Parker 168
Stowe, Harriet Beecher 31
Stultz, Bill 87
Sullavan, Margaret 111
Swanson, Gloria 163
Swift, Kay (geb. Katherine
S.; verh. Warburg, Hubbard,
Galloway) **211–221**
Swift, Samuel 214

Tapper, Bertha 214
Taylor, Libby 246
Taylor, Paul 120
Thoreau, Henry David 226
Timony, James 240, 243,
245
Tolstoi, Lew Nikolajewitsch
Graf 227
Travolta, John 168
Truman, Margaret 160
Tudor, Bethany 228f.
Tudor, Efner 228f.
Tudor, Rosamund (verh. Bur-
gess) 226f.
Tudor, Seth 225, 228
Tudor, Tasha (eigtl. Tasha

Abenteuerliche Amerikanerinnen

Burgess; verh. McCready)
223–231
Tudor, Tom   228

Vanzetti, Bartolomeo   180

Wallace, Frank   239, 246
Warburg, Andrea   214
Warburg, April   214
Warburg, James (Pseud. Paul
  James)   214–217
Warburg, Kay   214
Warhol, Andy   167
Wells, H. G.   194
Welsh, Mary (verh. Heming-
  way)   109

West, Beverly   245f.
West, Jack   238
West, John   245
West, Mae (eigtl. Mary Jane
  W.; verh. Wallace)   **233–247**
Wilson, Edmund   173
Wodehouse, Pelham Gren-
  ville   176
Wright, James   206

Yeats, William Butler   70
Young, Robert   81

Ziegfeld, Billie   177
Ziegfeld, Florenz   177

Bildnachweis

S. 8 Berenice Abbott © Allen Ginsberg / CORBIS • S. 20 Ruth Benedict © Special Collections, Vassar College Libraries • S. 30 Rachel Carson © Underwood & Underwood / CORBIS • S. 44 Caresse Crosby © Keystone Features / Getty Images • S. 54 Dorothy Dandridge © Bettmann / CORBIS • S. 68 Hilda Doolittle © Bettmann / CORBIS • S. 76 Dorothy Draper © Dorothy Draper & Co. Inc. Archive • S. 84 Amelia Earhart © CORBIS • S. 94 Mary Frances Kennedy Fisher © Bettmann / CORBIS • S. 104 Slim Keith © Bettmann / CORBIS • S. 116 Dorothea Lange © Rondal Partridge / Private Collection • S. 126 Lee Miller © Man Ray / VG Bild-Kunst • S. 144 Josephine Nivison © Sidney Waintraub / F. Mulhall Achilles Library, Hopper Collection • S. 154 Sister Parish © Condé Nast Archive / CORBIS • S. 172 Dorothy Parker © Bettmann / CORBIS • S. 184 Margaret Sanger © Bettmann / CORBIS • S. 200 Anne Sexton © Time & Life Pictures / Getty Images • S. 212 Kay Swift © Courtesy Kay Swift Trust • S. 224 Tasha Tudor © Billy Finney, 2004 • S. 234 Mae West © Underwood & Underwood / CORBIS